电商企业账务实训项目教程

主　编　雷佩垚

副主编　胡　颖　杨宇巧　廖小娟

参　编　潘晓蕾　李　敏　罗世成

西南师范大学出版社

国家一级出版社　全国百佳图书出版单位

图书在版编目(CIP)数据

电商企业账务实训项目教程 / 雷佩垚主编. --重庆:
西南师范大学出版社,2016.8

ISBN 978-7-5621-8077-7

Ⅰ.①电… Ⅱ.①雷… Ⅲ.①电子商务－企业管理-
财务处理－教材 Ⅳ.①F275

中国版本图书馆CIP数据核字(2016)第159234号

电商企业账务实训项目教程

主编 雷佩垚

策　　划：	刘春卉　杨景罡
责任编辑：	李　玲　周明琼　毛玲玲
封面设计：	畅想设计
出版发行：	西南师范大学出版社
	地址:重庆市北碚区天生路2号
	邮编:400715
	电话:023-68868624
	网址:http://www.xscbs.com
经　　销：	全国新华书店
印　　刷：	重庆荟文印务有限公司
开　　本：	787mm×1092mm　1/16
印　　张：	14
字　　数：	358千字
版　　次：	2016年8月 第1版
印　　次：	2016年8月 第1次
书　　号：	ISBN 978-7-5621-8077-7
定　　价：	32.00元

　　尊敬的读者,感谢你使用西师版教材! 如对本书有任何建议或要
求,请发送邮件至xszjfs@126.com。

编 委 会

主　任：朱　庆

副主任：梁　宏　吴帮用

委　员：赵　勇　谭焰宇　刘宪宇　黄福林　夏惠玲

　　　　肖世明　吴　珩　姚　章　王蜀生　蒋晓春

　　　　李道武　张　波　曹　亮　于天剑　李　糠

　　　　钟　勤

前言
PREFACE

  《电商企业账务实训项目教程》是中职电商专业的核心课程。该书以就业为导向,尽可能地使实训内容与就业岗位接轨,最大限度地缩小课堂教学与实际工作的差距,力求培养具有必要的会计理论知识和较强的账务实际操作能力的电商会计人才。

  本教材在内容编排上,着重突出以下两个特点:

  一、内容实用,仿真性强

  本教材以最新的《企业会计准则》《会计基础工作规范》为依据,以重庆鲸咚电子商务有限责任公司(本教材所有企业名称、人员姓名、税号及账号均为编者虚构)2015年12月经济业务为例,分手工账务处理和电算化账务处理两大项目。项目一中所用的各种原始凭证,均是实际会计核算中使用的真实票据、账表仿真制作而成。整个业务的操作流程,从最基础的原始凭证的填制、记账凭证的填制、各类账簿的登记到会计报表的编制,操作性强,具有极强的适用性和仿真性。项目二以用友T3会计信息化软件为平台,结合电商企业案例,详细介绍了系统管理初始化、基础档案设置、总账管理系统应用、购销存管理系统应用及报表管理。让读者在项目一和项目二的实训过程中,真正地"动"起来,真实体验和灵活掌握会计手工及电算化账务的核算过程和核算方法。

二、语言浅显易懂，图文并茂

本教材重点突出电商企业的业务范围和工作流程，强化电商会计岗位的实际操作技能。教材语言表述精练，力求淡化理论、强化实践、重视能力。在账务处理的每一操作步骤中，能够把较难理解的专业术语转换成浅显易懂的文字和具体形象的图表形式，便于读者理解和掌握。

由于编者水平有限，时间仓促，本教材中难免会出现错误和缺陷，恳请有关专家和教材使用者给予批评指正，以便进行修改和完善。

目录

CONTENTS

项目一 手工账务实训

手工账务处理项目以最新的《企业会计准则》和《会计基础工作规范》为依据，根据企业实际账务处理流程，从最基础的填制原始凭证、审核原始凭证、填制记账凭证、登记 T 型账户及编制科目汇总表、建账及登记各类账簿，到对账及期末结账、编制会计报表、装订会计凭证，每个任务都配有相应的操作示范图，形象又具体，易掌握和接受。

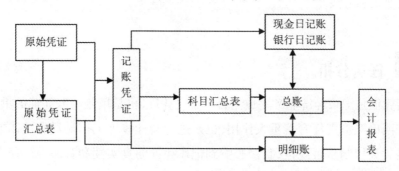

科目汇总表账务处理程序图

目标类型	目标要求
知识目标	(1)能进行会计核算，熟悉会计科目核算内容并精准运用 (2)能将相关财税知识与企业经济业务相结合
技能目标	(1)会审核原始凭证 (2)能正确填写记账凭证 (3)会登记 T 型账，能编制科目汇总表 (4)会登记总分类账及各类明细账 (5)能完成总账、明细账的核对，会期末结账 (6)能编制会计报表 (7)会装订会计凭证 (8)能对企业的经济业务进行正确的账务处理
情感目标	(1)培养爱岗敬业、客观公正、参与管理和服务社会的会计职业道德 (2)培养判断能力和分析解决问题的能力 (3)培训严谨地分析问题、解决问题的思维能力

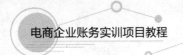
任务一　填制原始凭证

任务目标

根据原始凭证记载的经济业务,理解原始凭证的含义、作用和种类,掌握填制原始凭证的要求和方法。

任务分析

原始凭证是记录经济业务完成与否的重要凭证,也是填制记账凭证的重要依据,不仅对于明确经济责任有着重大作用,也是进行会计核算工作最具有法律效力的凭证。原始凭证填制是否规范,直接影响到记账凭证的真实性和合法性。任务一以采购经济业务为实例,从两个方面阐述原始凭证填制的规范要求。

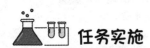

任务实施

一、原始凭证填制的基本要求

(1)真实可靠。即如实填写经济业务内容和数字,不弄虚作假,不涂改、挖补。

(2)内容完整。即应该填写的项目要逐项填写(接受凭证方应注意逐项验明),不可缺漏,尤其需要注意的是:年、月、日要按照填制原始凭证的实际日期填写;名称要写全不能简化;品名或用途要填写明确,不能含糊不清;有关经办人员的签章必须齐全。

(3)填制及时。即每当一项经济业务发生或完成,都要立即填制原始凭证,做到不积压、不误时、不事后补制。

(4)书写清楚。原始凭证上的数字和文字,要认真填写,做到字迹清晰,整齐和规范,易于辨认。不得使用未经国务院公布的简化汉字。一旦出现书写错误,不得随意涂改、刮擦、挖补,应按规定办法更改。有关货币资金收付的原始凭证,如果填写错误,不允许在凭证上进行更改,只能加盖"作废"戳记,重新填写,以免错收错付。

(5)顺序使用。即收付款项或实物的凭证要按顺序或分类编号,在填制时按照编号的次序使用,跳号的凭证应加盖"作废"戳记,不得撕毁。

二、原始凭证填制的附加要求

(1)从外单位取得的原始凭证,必须盖有填制单位的发票专用章或财务专用章(或公章等);从个人处取得的原始凭证,必须有填制人员的签名或者盖章。自制原始凭证必须有经办部门负责人或其指定的人员的签名或者盖章;对外开具的原始凭证必须加盖本单位具有法律效力和规定用途的公章,即能够证明单位身份和性质的印鉴,如业务公章、财务专用章、发票专用章、收款专用章等。

(2)凡填有大写和小写金额的原始凭证,大写与小写的金额必须相符,符合书写规范。

(3)购买实物的原始凭证,必须有验收证明。实物购入以后,要按照规定办理验收手续,这有利于明确经济责任,保证账实相符,防止盲目采购,避免物资短缺和流失,会计人员通过有关原始凭证进行监督检查。需要入库的实物,必须填写入库验收单,由仓库保管人员在入库验收单上如实填写实收数额,并签名或盖章。不需要入库的实物,由经办人员在凭证上签名或盖章以后,必须交由实物保管人员或使用人员进行验收,并由实物保管人员或使用人员在凭证上签名或盖章。经过购买人以外的第三者查证核实以后,会计人员才能据以报销付款并做进一步会计处理。

(4)一式几联的原始凭证,必须用双面复写纸套写或本身具备复写功能;必须注明各联的用途,并且只能以一联用作报销凭证;必须连续编号,作废时应加盖"作废"戳记,连同存根一起保存。

(5)职工因公出差借款应填写正式借款单据,附在记账凭证之后。职工借款时,应由本人填制借款单,经审核并签名或盖章,然后办理借款。借款单据是此项借款业务的原始凭证,在收回借款时,应当另开收据或者退还借款单据的副本,不得退还原借款单据。

(6)经上级有关部门批准的经济业务,应当将批准文件作为原始凭证附件。如果批准文件需要单独归档的,应当在凭证上注明批准机关名称、日期和文件字号。填制原始凭证示例如图1-1-1至图1-1-5。

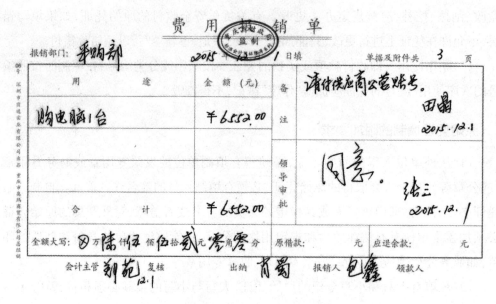

图 1-1-1　费用报销单

5000114141	**重庆增值税专用发票(模拟)**	No 01817380

开票日期:2015年12月01日

购货单位	名　　　称:重庆鲸咚电子商务有限责任公司 纳税人识别号:500109203X88999 地址、　电话:重庆市北碚区同兴北路116-2号　023-888899X9 开户行及账号:中国建设银行重庆北碚支行500010936000508889X9				密码区	**8〉/*9*01〉22+ **8〉/*7*01〉33*+ **8〉/*9*01〉22*+ **8〉/*0*01〉11*+	
货物或应税劳务名称 电脑	规格型号 HR704	单位 台	数量 1	单价 5600.00	金额 5600.00	税率 17%	税额 952.00
合计					￥5600.00		￥952.00
价税合计(大写)	⊕陆仟伍佰伍拾贰元整			(小写)￥6552.00			
销货单位	名　　　称:重庆惠仁有限公司 纳税人识别号:500109XXX111112 地址、　电话:重庆市北碚区东路5号　023-699999X1 开户行及账号:中国建设银行重庆北碚支行500010936000502222X1				备注		

收款人:　　　　　复核:　　　　　开票人:XXX　　　　　销货单位:(章)

图 1-1-2　重庆增值税专用发票1

5000114141　　　　重庆增值税专用发票(模拟)　　　　№ 01817380

开票日期:2015年12月01日

购货单位	名　　　称:重庆鲸咚电子商务有限责任公司 纳税人识别号:500109203X88999 地址、　电话:重庆市北碚区同兴北路116-2号　023-888899X9 开户行及账号:中国建设银行重庆北碚支行500010936000508889X9	密码区	**8〉/*9〉01〉22+ **8〉/*7〉01〉33*+ **8〉/*9〉01〉22*+ **8〉/*0〉01〉11*+

货物或应税劳务名称	规格型号	单位	数量	单价	金额	税率	税额
电脑	HR704	台	1	5600.00	5600.00	17%	952.00
合计					￥5600.00		￥952.00

价税合计(大写)	⊕陆仟伍佰伍拾贰元整	(小写)￥6552.00

销货单位	名　　　称:重庆惠仁有限公司 纳税人识别号:500109XXX111112 地址、　电话:重庆市北碚区东路5号　023-699999X1 开户行及账号:中国建设银行重庆北碚支行500010936000502222X1	备注

收款人:　　　　复核:　　　　开票人:XXX　　　　销货单位:(章)

图1-1-3　重庆增值税专用发票2

入　库　单

供货单位:重庆惠仁有限公司　　　　　　　　2015年12月01日

编号	种类	产品名称	型号	规格	入库数量	单位	单价	成本金额								
								百	十	万	千	百	十	元	角	分
1	资产	电脑	HR704		1	台	5600.00				5	6	0	0	0	0
合计: ⊕佰⊕拾⊕万伍仟陆佰零拾零元零角零分							￥	5	6	0	0	0	0			

负责人:　　　　记账:胡悦　　　　收货:赵懿　　　　填单:包鑫

图1-1-4　入库单

中国建设银行客户专用回单

转账日期:2015 年 12 月 01 日　　　　　　　　　　凭证字号:201512013011201

支付交易序号:47173361　包发起清算行行号:115653007002　交易种类:BEPS 贷记

接收行名称:中国建设银行重庆北碚支行

收款人账号:500010936000502222X1

收款人名称:重庆惠仁有限公司

发起行名称:中国建设银行重庆北碚支行

汇款人账号:500010936000508889X9

汇款人名称:重庆鲸咚电子商务有限责任公司

货币符号、金额:CNY6,552.00

大写金额:人民币陆仟伍佰伍拾贰元整

附言:货款

第1次打印　　　　　　　　　　　　　　打印日期:20151201

作付款回单(无银行办讫章无效)　　　　　复核　　　　记账

图 1-1-5　中国建设银行汇兑来账凭证

 **相关知识**

(1)原始凭证真伪的辨别能力。

(2)税法、会计法常识。

任务评价

表1-1-1 填制原始凭证评价表

评价内容	评价标准	分值	学生自评	老师评估
原始凭证内容齐全	各项目要逐项填写,不可缺漏;单位名称应该是规范的全称,不能简化;品名或用途明确,不能含糊不清;有关经办人员的签章,必须齐全,清晰可认	25分		
原始凭证书写规范	字迹清晰,整齐规范,易于辨认。不得使用未经国务院公布的简化汉字	20分		
原始凭证金额相符	大小写金额相符,大写金额使用规范汉字	20分		
原始凭证附件完整	根据不同的经济业务的要求,附件完整	20分		
情感评价	安全意识 法制意识 责任意识 自主学习能力 独立思考能力 团结协作能力 吃苦耐劳 心理健康	15分		
学习体会:				

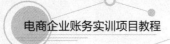
任务二　审核原始凭证

 任务目标

　　审核无误的原始凭证才能作为填制记账凭证的依据。根据填制的原始凭证,了解不同原始凭证应附的凭据及适用的经济业务范围,学会审核原始凭证。

 **任务分析**

　　对不真实、不合法的原始凭证,会计有权不予受理。对记载不准确、不完整的原始凭证有权予以退回,并要求经办人按照国家统一的会计制度进行更正、补充。从原始凭证的真伪,发票、报销单据及附件的填写是否规范、完整着手,审核原始凭证的真实、有效性。

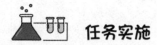 **任务实施**

一、查询票据的真伪

　　根据票据代码及号码,在http://fapiao.youshang.com(友商发票查询系统)上查询票据的真伪。重庆市的发票可以在重庆市国家税务局或重庆市地方税务局专网上查询发票的真伪。

　　注:本书中的发票为教学用模拟发票,在系统里不能查询。

二、票据及附件的填写规范要求

1. 发票的填写规范要求

(1)购货单位信息栏务必与企业实际信息相符,不能增一字或减一字。

(2)商品名称规范,数量、单价等要素齐全。

(3)发票时间由系统自动提取,商品交易真实有效。

(4)大写小写金额一致,小写金额前需加"￥"符号。

(5)开票人有署名,并加盖单位发票专用章。

2.附件的填写规范要求(如表1-1-1)

如入库单的填写,采购员将货物名称、数量及入库时间准确填写在入库单据上。库管验收入库后签字,保存库房联登记商品明细账,并将财务记账联传递至会计记账。

三、报销单的填写规范要求(如图1-1-1)

(1)时间、用途填写规范。

(2)大写小写金额一致,小写金额前需加"￥"符号。

(3)票据附件完整,有经办人及其对应部门负责人的签字。

(4)报销人署名清晰可认。

(5)有财务科负责人及付款审批权限的单位负责人签字确认。

四、原始凭证附件的要求

(1)采购业务附件要求:进项发票的发票联及抵扣联、入库单、报销单据及付款凭据等。

(2)销售业务附件要求:销售发票的记账联、出库单、报销单据及收款凭证等。

(3)差旅报销附件要求:差旅报销单,实时的车票、船票、机票及住宿发票等。

(4)费用报销附件要求:费用报销单据、费用发票等。

相关知识

(1)原始凭证审核程序。

(2)公司报销制度。

任务评价

表1-2-1　审核原始凭证评价表

评价内容	评价标准	分值	学生自评	老师评估
原始凭证的真实性	日期真实、业务内容真实、数据真实等	15分		
原始凭证的合法性	经济业务符合国家有关政策、法规、制度的规定,无违法乱纪等行为	25分		
原始凭证的正确性	数字清晰,文字工整,书写规范、凭证联次正确,无刮擦、涂改和挖补等	25分		
原始凭证的完整性	原始凭证的内容及附件齐全,包括:无漏记项目,日期完整,有关签章齐全,涉及出入库的,办理了出入库手续等	20分		
情感评价	安全意识 法制意识 责任意识 自主学习能力 独立思考能力 团结协作能力 吃苦耐劳 心理健康	15分		

学习体会:

任务三   填制记账凭证

任务目标

记账凭证是登记账簿、编制财务报表的依据。理解记账凭证的作用和种类,掌握填制记账凭证的方法。

任务分析

记账凭证是会计人员根据审核后的原始凭证进行归类、整理,并根据经济业务确定会计科目而编制的。会计人员必须熟知各个会计科目的核算内容,并能在不同经济业务中灵活运用。会计根据出纳传递过来的原始凭证,能正确填制记账凭证。

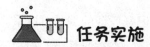

任务实施

一、规范填制记账凭证

(1)根据审核无误的原始凭证填制记账凭证日期,以财务科受理经济业务事项的日期为记账凭证日期(年,月,日应写全)。付款凭证一般以财务科付出现金或开出银行付款结算凭证的日期填写;现金收款凭证应当填写收款当日的日期;银行存款收款凭证实际收款日期可能和收到该凭证的日期不一致,则按填制收款凭证的日期填写;但月末计提、费用分配、成本计算、转账等业务,所填日期应当填写当月最后一日的日期。

(2)摘要应简明扼要,说明经济业务性质。

(3)按照会计制度的统一规定,正确填制会计科目、编制会计分录。填制会计科目时,应先填写借方科目,再填写贷方科目,且应当填写会计科目的全称和子目甚至细目。记账凭证中所编制的会计分录一般应是一借一贷或多借一贷,避免因多借多贷而带来账户的对应关系不清。对于一些特殊业务,只有多借多贷才能说明来龙去脉的,应按多借多贷填写一张记账凭证,而不能将其拆开。不得将不同内容和类别的经济业务汇总填制在一张记账凭证上。

(4)记账凭证的金额必须与原始凭证的金额相符;阿拉伯数字应书写规范,并填至分位;相应的数字应平行对准相应的借贷栏次和会计科目的栏次,防止错栏串行;合计行填写合计金额时,应在金额最高位数值前填写人民币"¥"字符号,以示金额封口,防止篡改。

(5)附件张数,按所附原始凭证的自然张数计算填写;有原始凭证汇总表的附件,可将原始凭证汇总表张数作为记账凭证的附件张数,再把原始凭证作为原始凭证汇总表的附件张数处理(收付款业务除外);对于汽车票、火车票等外形较小的原始凭证,可粘贴在"凭证粘贴单"上,作为一张原始凭证附件。但在粘贴单上应注明所粘贴原始凭证的张数和金额。

(6)记账凭证应按行次逐笔填写,不得跳行或留有空行。填制完经济业务事项后,如有空行,应当自最后一笔金额数字下空格的右上角处至最底一行的左下角处画一条对角斜线注销。

(7)记账凭证应按月编号。当企业采用通用记账凭证时,记账凭证的编号可以采用顺序编号,即每月都应按经济业务顺序从1号开始,统一编号。当企业采用专用记账凭证时,则采用"字号编号法"。"字"的两种编号方法:分收款、付款、转账业务三类按顺序编号;分现收、银收、现付、银付和转账业务五类按顺序编号。"号"的编法有整数编号法和分数编号法两种:一笔或几笔同类经济业务编一张记账凭证时,用整数编号法顺序编号;一笔经济业务需在两张或两张以上的同类记账凭证上共同反映时,应采用分数编号法。

(8)记账凭证填制完成后,一般应由填制人员、审核人员、会计主管人员、记账人员分别签名盖章,以示其经济责任,并使会计人员互相制约,互相监督,防止错误和舞弊行为的发生。收款凭证和付款凭证还应由出纳人员签名盖章,以证明款项已收讫或付讫。

二、正确填制记账凭证

(1)必须以审核无误的原始凭证为依据。除结账和更正错账的记账凭证可以不附原始凭证外,其余记账凭证必须附有原始凭证。

(2)在填制记账凭证时,可以根据一张原始凭证填制记账凭证,也可以根据若干张同类原始凭证汇总填制记账凭证,还可以根据原始凭证汇总表填制记账凭证。

记账凭证填写示例如图1-3-1。

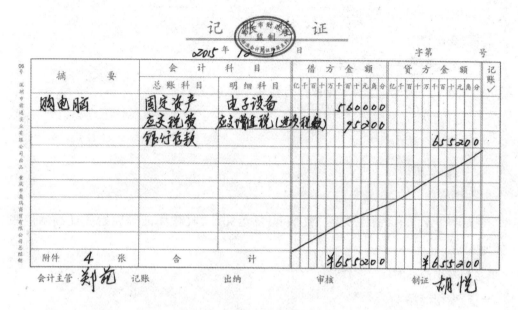

图1-3-1　记账凭证

三、企业日常经济业务账务处理

1.采购业务

根据采购合同、采购发票、付款凭证、运费单据、验收单等原始单据编制记账凭证。

(1)未付款时。

借:库存商品

　　应交税费——应交增值税(进项税额)

　　　贷:应付账款(应付票据)

(2)付款时。

借:应付账款

　　贷:银行存款(库存现金或其他货币资金)

说明：采购过程中发生的运费等杂费计入库存商品成本，一般纳税人运费发票的增值税进项税额允许抵扣，小规模纳税人运费发票的增值税进项税额计入所购商品成本。

（3）票到货未到时。

①发票等相关单据到时。

借：在途物资

应交税费——应交增值税（进项税额）

贷：应付账款（应付票据或银行存款等）

②货物验收入库后。

借：库存商品

贷：在途物资

2. 销售业务

根据顾客订单、销售发票、出库单、发运凭证、收款凭证等原始凭证编制记账凭证。

（1）发出商品时。

借：发出商品

贷：库存商品

（2）赊销时的账务处理。

①确认销售收入时。

借：应收账款

贷：主营业务收入

应交税费——应交增值税（销项税额）

②收到赊销货款时。

借：银行存款等

贷：应收账款

（3）现销时的账务处理。

借：银行存款等

贷：主营业务收入

应交税费——应交增值税（销项税额）

（4）销售成本结转。

借：主营业务成本

　　贷：发出商品

（5）已经确认的销售收入，退回时做与销售时相反的账务处理。

借：应收账款或（银行存款）　　　（红字）

　　贷：主营业务收入　　　　　（红字）

　　　　应交税费——应交增值税（销项税额）（红字）

若成本已经结转，还需要冲销销售成本。

借：库存商品

　　贷：主营业务成本

3.日常经济业务的处理

借：管理费用

　　销售费用

　　财务费用

　　贷：银行存款等

4.薪酬业务

根据工资表进行薪酬业务的核算。

（1）工资表的编制。

表1-3-1　工资表

序号	姓名	部门	基本工资	加班费	奖金	补贴	应发工资	代扣项目								实发工资	签名
								医疗险	养老险	失业险	公积金	个税	工会费	其他	合计		

（2）计提工资。

根据职工提供服务的受益对象，将应确认的职工薪酬（包括货币性薪酬和非货币性福利）计入相关成本或当期损益，并确认"应付职工薪酬"。

借:管理费用——工资及福利费

　　销售费用——工资及福利费

　　　贷:应付职工薪酬——工资

(3)单位承担保险费的计提。

借:管理费用——社会保险

　　销售费用——社会保险

　　　贷:应付职工薪酬——社会保险

(4)发放工资。

在应发工资中,扣除职工个人应承担的社会保险、个人所得税等代扣款项,将实付金额发至职工。

借:应付职工薪酬——工资

　　贷:库存现金(银行存款)

　　　应付职工薪酬——社会保险

　　　应交税费——应交个人所得税

(5)交纳社会保险等。

借:应付职工薪酬——社会保险(各类社会保险)

　　应交税费——应交个人所得税

　　　贷:银行存款

5.税金的计提

一般企业按月申报的税种:增值税、消费税、城建税、教育费附加、地方教育费附加及个人所得税等。

一般企业按季申报的税种:印花税、企业所得税等。

一般企业按年申报的税种:车船使用税、房产税等。

(1)应交增值税的计提与缴纳。

①增值税一般纳税人。

当月应交增值税 = 当月销项税额 − 当月进项税额 − 上月留底税额+进项税额转出

计提时:

借:应交税费——应交增值税(转出未交增值税)

　　贷:应交税费——应交增值税(未交增值税)

或：

借：应交税费——应交增值税（转出未交增值税）

　　贷：应交税费——未交增值税

缴纳时（当月的税金次月缴纳）：

借：应交税费——应交增值税（已交税额）

　　贷：银行存款

②小规模纳税人。

当月应交增值税＝销售额×征收率

（因小规模纳税人实行按销售额与征收率3%计算应纳税额的简易办法，故其所有购进的增值税发票的进项不能抵扣，其税额计入所购商品的成本。）

小规模纳税人不设置三级明细科目，每月不计提增值税，根据当月实际销项税额合计金额交纳。

借：应交税费——应交增值税

　　贷：银行存款

（2）附加税的计提与缴纳。

城建税＝（增值税+营业税+消费税）×7%

（城建税税率根据纳税人所在地区适用不同的税率：市区适用7%，县城、建制镇适用5%，其他地区适用1%，此书以税率7%为例。）

教育费附加＝（增值税+营业税+消费税）×3%

地方教育费附加＝（增值税+营业税+消费税）×2%

计提时：

借：营业税金及附加

　　贷：应交税费——应交城建税

　　　　应交税费——应交教育费附加

　　　　应交税费——应交地方教育费附加

缴纳时：

借：应交税费——应交城建税

　　应交税费——应交教育费附加

　　应交税费——应交地方教育费附加

　　贷：银行存款

（3）印花税的计提与交纳。

纳税人购买了印花税票,应将印花税票粘贴在应纳税的账簿或权利证书上,并由纳税人在每枚税票的骑缝处盖戳注销或者画两条横线注销。注销标记应与骑缝处相交。已贴用的印花税票不得重复使用。

购销合同核定征收:每季应交印花税 =（当季销售收入金额×100%+当季原材料采购金额×70%）×0.3‰

计提时:

借:管理费用——印花税

　　贷:应交税费——应交印花税

缴纳时:

借:应交税费——应交印花税

　　贷:银行存款

直接购买印花税票时:

借:管理费用——印花税

　　贷:库存现金（银行存款）

（4）企业所得税。

每季应纳税所得额 = 主营业务收入+其他业务收入+营业外收入+投资收益+补贴收入 – 主营业务成本 – 其他业务成本 – 营业税金及附加 – 资产减值损失 – 管理费用 – 销售费用 – 财务费用 – 营业外支出

每季应纳所得税额 = 每季应纳税所得额×25%

说明:上述指标为当季金额之和,每季应纳税所得额为负数时不计提,一般月末结转所有的损益类科目后再计提企业所得税。

计提时:

借:所得税费用

　　贷:应交税费——应交企业所得税

同时结转:

借:本年利润

　　贷:所得税费用

缴纳时:

借:应交税费——应交企业所得税

　　贷:银行存款

6.月末账务处理

(1)结转成本费用类科目。

借:本年利润

　　贷:主营业务成本

　　　其他业务成本

　　　管理费用

　　　销售费用

　　　财务费用

　　　营业税金及附加

　　　资产减值损失

　　　营业外支出

(2)结转收入类科目。

借:主营业务收入

　　其他业务收入

　　营业外收入

　　　贷:本年利润

7.年末账务处理

(1)若本年利润为贷方余额。

借:本年利润

　　贷:利润分配——未分配利润

(2)若本年利润为借方余额。

借:利润分配——未分配利润

　　贷:本年利润

 **相关知识**

(1)会计科目的核算内容。

(2)会计科目在经济业务中的运用。

(3)会计科目子目及明细科目的设置。

任务评价

表1-3-2 填制记账凭证评价表

评价内容	评价标准	分值	学生自评	老师评估
记账凭证要素齐全	各要素应逐项填写,时间、凭证编号、摘要、科目、金额及会计主管、记账、审核、出纳、制单等有关人员的签章,不可缺漏	25分		
记账凭证科目规范	字迹清晰,整齐规范,易于辨认。科目名称应该是规范的全称,不能简化。不得使用未经财政部公布的科目,科目的级次应填写至子目和明细科目	30分		
记账凭证金额相符	原始凭证与记账凭证金额相符。记账凭证借贷方金额相等	20分		
记账凭证附件完整	根据不同的经济业务的要求,附件完整	10分		
情感评价	安全意识 法制意识 责任意识 自主学习能力 独立思考能力 团结协作能力 吃苦耐劳 心理健康	15分		

学习体会:

任务四　登记 T 型账户及编制科目汇总表

 任务目标

T 型账户是科目汇总的一种方法。掌握 T 型账户的登记方法,并能正确编制科目汇总表和试算平衡。

 任务分析

T 型账户的登记与科目汇总表的编制,是根据借贷记账法的基本原理,在 T 型账户上分科目逐笔登记借方发生额和贷方发生额,并以此编制科目汇总表,再登记总账的账务处理程序。以任务九中企业的经济业务为实例,登记"库存现金""应收账款"的 T 型账户,并编制重庆鲸咚电子商务有限责任公司 2015 年 12 月的科目汇总表。

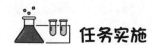 **任务实施**

一、T 型账户的登记

(1)编制 T 型汇总表。做法是设计一张草表,将所汇总记账凭证涉及的会计科目按一定顺序列示出 T 型简易账户,再将总分类账账户的期初余额过入各科目对应的方向。

(2)按记账凭证编号顺序,在 T 型账户中逐笔登记相应账户的借方发生额或贷方发生额。

(3)登记完毕后,将各账户登记金额按借、贷方向相加,得出各账户汇总期内的借方发生合计金额和贷方发生合计金额。

(4)登记完毕,结出 T 型账户每个科目的余额。

(5)库存现金、应收账款 T 型账户示例如图 1-4-1。

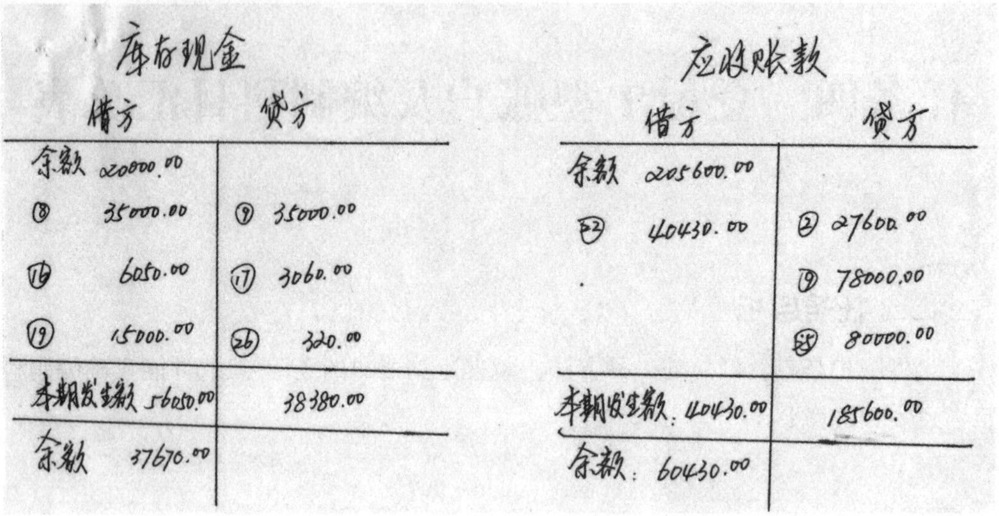

图 1-4-1　库存现金、应收账款 T 型账户

二、科目汇总表编制

(1)科目汇总表的日期除按日汇总外,应写期间数,如×年×月×日至×日。科目汇总表根据企业经济业务的多少编制,可以一月编一次,也可以按10天(或15天)编一次。

(2)科目汇总表编号一般按年填写顺序号。年初第一张为"科汇:1",第二张为"科汇:2",以此类推。月末应将本月多张科目汇总表金额累计汇总。

(3)若企业按收、付、转编号,凭证号应为:收×号-×号,付×号-×号,转×号-×号,通用凭证则为记×号-×号,注明本科目汇总表所汇总的记账凭证的起讫号数。

(4)会计科目名称排列应与总账顺序保持一致,以方便记账。

(5)把汇总草表各T型账户所登记的借贷方发生额的合计金额准确填入科目汇总表内相应会计科目的同一方向栏内。

(6)将每一会计科目的汇总金额填入汇总表后,应分别加总计算全部会计科目的借方发生额合计和贷方发生额合计,并填入表中最末行合计栏内。

(7)科目汇总表试算平衡:期初余额的借方 = 期初余额的贷方,本期发生额的借方 = 本期发生额的贷方,期末余额的借方 = 期末余额的贷方。科目汇总表示例如表1-4-1。

表1-4-1　科目汇总表

单位:元

科目	期初借方余额	期初贷方余额	本期借方发生额	本期贷方发生额	期末借方余额	期末贷方余额
库存现金	20000.00		56050.00	38380.00	37670.00	
银行存款	325600.68		456923.00	351751.31	430772.37	
其他货币资金			98280.00	98280.00		
应收账款	205600.00		40430.00	185600.00	60430.00	
其他应收款	12000.00				12000.00	
库存商品	15150.00		159000.00	160897.09	13252.91	
固定资产	1128500.00		5600.00		1134100.00	
累计折旧		296908.91		12909.09		309818.00
在建工程						
短期借款		200000.00				200000.00
应付账款		123000.00	50000.00	87750.00		160750.00
其他应付款		49230.00	24000.00			25230.00
应付职工薪酬		26301.92	126677.87	131357.87		30981.92
应交税费		8792.29	57449.72	80521.35		31863.92
应付利息		3000.00				3000.00
实收资本		800000.00				800000.00
本年利润		137508.36	403408.36	265900.00		
利润分配		62109.20		52472.24		114581.44
商品销售收入			265900.00	265900.00		
商品销售成本			160897.09	160897.09		
销售费用			55370.88	55370.88		
营业税金及附加			2066.52	2066.52		
所得税			12117.66	12117.66		
管理费用			120483.97	120483.97		
合　计	1706850.68	1706850.68	2094655.07	2094655.07	1676225.28	1676225.28

相关知识

(1)账务处理程序。

(2)T型账户、科目汇总表、总账及会计报表数据间的钩稽关系。

任务评价

表1-4-2 登记T型账户评价表

评价内容	评价标准	分值	学生自评	老师评估
期初余额	T型账户期初余额与总账期初金额一致	20分		
发生额	T型账户借、贷方发生额与记账凭证借、贷方发生额核对无误，合计金额计算正确	35分		
期末余额	期末余额的借方和贷方方向正确，金额计算无误	30分		
情感评价	安全意识 法制意识 责任意识 自主学习能力 独立思考能力 团结协作能力 吃苦耐劳 心理健康	15分		

学习体会：

表1-4-3　编制科目汇总表评价表

评价内容	评价标准	分值	学生自评	老师评估
期初余额	科目汇总表期初余额与总账期初金额一致	20分		
发生额	科目汇总表借、贷方发生额与T型账户各科目的借、贷方发生额核对无误,借、贷方合计金额相等	35分		
期末余额	期末余额的借方和贷方方向正确,金额计算无误	30分		
情感评价	安全意识 法制意识 责任意识 自主学习能力 独立思考能力 团结协作能力 吃苦耐劳 心理健康	15分		
学习体会:				

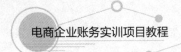

任务五　建账及登记各类账簿

任务目标

会计人员根据审核无误的记账凭证,登记日记账、总账及各类明细分类账,是确保会计信息质量的重要措施和编制会计报表的依据。要求能掌握各类账簿的登记要求和方法。

任务分析

账簿是考核经营成果,加强经济核算,分析经济活动的重要依据,为企业的经营管理提供系统与完整的会计历史资料。以任务九中的经济业务为实例,填写账簿启用表,登记总账、固定资产明细账、数量单价金额式账、多栏式账、三栏式账、应交税费——应交增值税明细账及日记账。

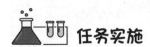

任务实施

一、账簿启用表的填写

适用于总分类账账簿及各明细分类账账簿,后面不再重复。

(1)准确填写单位名称、账簿名称、启用日期及移交日期。

(2)记账人员、会计负责人签字并盖章。

(3)粘贴印花税票,并注销。

(4)加盖单位公章。

(5)记账人员工作变动时,应填写交接日期,交接双方及监交人均须签名或盖章。填写示例如图1-5-1。

账 簿 启 用 表

单位名称	重庆鲸咚电子商务有限责任公司				单位公章	
账簿名称	总分类账					
账簿编号	字第 1 号第 1 册共 1 册					
账簿页数	本账簿共计 100 页					
启用日期	2015 年 12 月 1 日					
经管人员		接管	移交	会计负责人		印花税票粘贴处
姓 名	盖章	年 月 日	年 月 日	姓 名	盖 章	
胡悦		2015 12 1		郑苑		

图 1-5-1 账簿启用表

二、账簿登记的相关要求

(1)启用账簿或调换记账人员时,应在账簿启用表封面内逐项填记有关事项。

(2)会计账簿必须根据审核无误的记账凭证序时、逐笔地进行登记。登记时,会计凭证日期、编号、业务内容摘要、金额和其他有关资料需逐项登记,做到字迹工整、数字准确,摘要简明扼要,登记及时。登记完毕后,记账人员应在记账凭证上注明"√"符号,并在记账凭证上签名或者盖章,表示已经登记入账。

(3)登记账簿要用蓝黑墨水或者碳素墨水书写,不得使用圆珠笔(银行的复写账簿除外)或者铅笔书写。账簿中书写的文字和数字应紧靠行格的底线书写,约占全行格的2/3或1/2,数字排列要均匀,数字要对正。便于发生登记错误时,能比较容易地进行更正。

(4)特殊记账使用红墨水。

按照红字冲账的记账凭证,冲销错误记录。

在不设借贷等栏的多栏式账页中,则用红字登记减少金额。

在三栏式账户的余额栏前,如未印明余额方向的,在余额栏内登记负数余额。

画更正线、结账线和注销线。

冲销银行存款日记账时,用红字登记支票号码,进行冲销。

当销售货物发生退回时,则用红字冲减已入账的该笔货物销售收入和销售成本。

根据国家统一会计制度的规定可以用红字登记的其他会计记录。

(5)账簿按日期顺序连续登记,不得跳行、隔页。如果发生跳行、隔页,应当将空行、空页画线注销,或者注明"此行空白""此页空白"字样,并由记账人员签名或盖章。

(6)账簿登记不得刮擦、挖补、涂抹或用褪色药水更改字迹。发生错误时,应该按照画线法进行更正。

登记账簿发生错误将需要改正的字体用红色笔划去重新更正,如果是账簿登记发生错误,应当将错误的文字或者数字画红线注销,但必须使原有的字迹仍可辨认,然后在画线上方填写正确的文字或数字,并由记账人员在更正处盖章。对于错误的数字,应当将整个数字全部画红线更正,不得只更正错误的数字;对于错误的文字,可只划去错误的部分;对于记账凭证错误而使账簿记录发生错误,应当首先更正记账凭证,然后再按更正的记账凭证登记账簿。

(7)每一账页登记完毕结转下页时,应当结出本页合计数及余额,写在本页最后一行和下页第一行有关栏内,并在摘要栏内注明"过次页"和"承前页"字样。"过次页"和"承前页"的方法有两种:一是在本页最后一行内结出发生额合计数及余额,然后"过次页"并在次页第一行摘要填写"承前页";二是只在次页第一行摘要填写"承前页"并写出发生额合计数及余额,不在上页最后一行结出发生额合计数及余额后"过次页"。

对需要月结的账户,结计过次页的本页合计数应当为自本月初起至本页末止的发生额合计数。对需要年结的账户,结计过次页的本页合计数应当为自本年初起至本页末止的累计数,年终结账时,加计"本年累计"数。对既不需要月结也不需要年结的账户,可以只将每页末的余额结转次页,如某些材料明细账账户就没有必要将每页的发生额结转次页。

三、总分类账的登记

适用于所有一级科目借、贷方发生额的登记及余额的核算。

1. 账户目录的填写

根据资产负债表上科目的排列顺序,依次填写。每个科目按上一年所用的账簿页数预留出页码空间。并写出该科目在账簿的页数,以方便快捷查阅。填写示例如图1-5-2。

账 户 目 录

顺序	编号	名称	页号	顺序	编号	名称	页号	顺序	编号	名称	页号	顺序	编号	名称	页号
1		库存现金	1	26				51				76			
2		银行存款	3	27				52				77			
3		应收账款	5	28				53				78			
4		其他应收款	7	29				54				79			
5				30				55				80			
6		库存商品	9	31				56				81			
7		固定资产	11	32				57				82			
8				33				58				83			
9		累计折旧	13	34				59				84			
10				35				60				85			
11		应付账款	15	36				61				86			
12				37				62				87			
13		应付职工薪酬	17	38				63				88			
14				39				64				89			
15		应交税费	19	40				65				90			
16				41				66				91			
17		其他应付款	21	42				67				92			
18				43				68				93			
19		应付利息	23	44				69				94			
20		实收资本	25	45				70				95			
21				46				71				96			
22		本年利润	27	47				72				97			
23				48				73				98			
24		利润分配	29	49				74				99			
25				50				75				100			

图1-5-2 账户目录

2. 账簿的登记

(1)根据资产负债表,准确填写科目名称及账簿启用时的期初余额,并注明借贷方向。

(2)根据科目汇总表登记借、贷方发生额,并结出余额。填写示例如图1-5-3。

科目：库存现金　　总　账 GENERAL LEDGER　　第 5 页

2015年 月	日	凭证字号	摘要	借方金额	贷方金额	借或贷	余额
12	1		上月结存			借	2000000
12	31		科汇1（记8—25号）	5605000	3838000	借	3767000

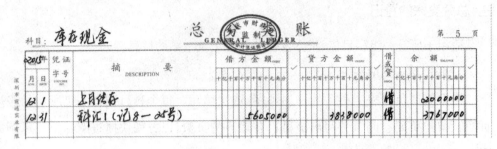

图 1-5-3　总分类账

四、固定资产账簿的登记

适用于所有固定资产科目明细账的登记。固定资产账簿可以跨年度使用。

1. 账户目录的填写

根据固定资产修建或购入的先后顺序，依次填写。每种固定资产账簿预留出合适的页数，并写出该固定资产在账簿的页数范围，以方便快捷查阅（目录示例略，参照总分类账账户目录填写示例）。

2. 账簿的登记

（1）准确填写固定资产信息表：使用单位（或部门）、种类、名称、计量单位、使用年限及编号等信息。

（2）根据资产负债表期初余额，登记固定资产原值、已提折旧累计金额及净值的期初余额。

（3）每月根据计提折旧的会计凭证，登记本期计提的累计折旧金额及已提折旧的累计金额，登记完毕后，应在记账凭证上注明“√”符号，并结出固定资产净值。填写示例如图 1-5-4。

固定资产明细账　　总第　页　分第　页

购建资金来源　　使用单位：行政部门　　存放地址
建造时间：2012年1月　　耐用年数：20年　　开始使用日期：2013.12
附属物名称规格　　折旧率　%　　大修理折旧率　%
种类：房屋建筑物　　编号：01
名称：办公楼　　规格　　单位：栋

2015年 月	日	凭证字	号	摘要	单价	数量	资产原值 借（增）方	资产原值 贷（减）方	资产原值 结存	已提折旧 本期	已提折旧 累计	原价减折旧后资产净值
12	1			上月结转					60000000		5577500	54422500
12	19	记	19	计提折旧						242500	5820000	541800.00

图 1-5-4　固定资产明细账

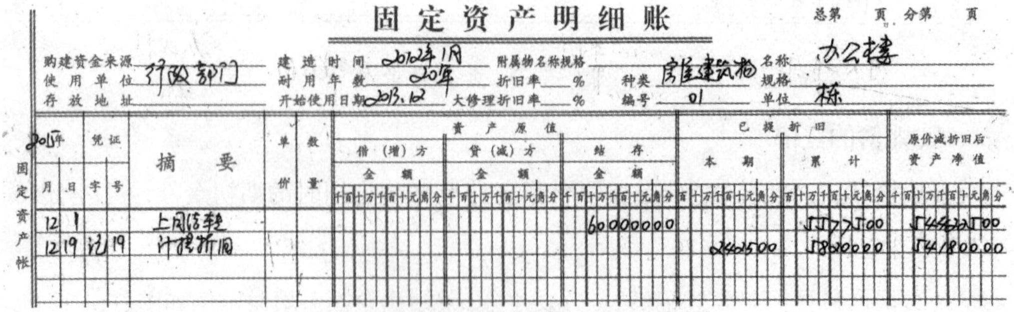

五、数量单价金额式账簿

适用于在途材料、原材料、材料采购、库存商品等存货类科目明细账的登记。

1.账户目录的填写

根据在途材料、原材料、材料采购、库存商品等存货类的末级明细科目,依次填写,每个科目按上一年所用的账簿页数预留出页码空间。并写出该科目在账簿的页数,以方便快捷查阅。

2.账簿的登记

(1)准确填写存货类末级科目名称、计量单位等信息。

(2)根据存货类末级科目的期初余额,登记结存的数量、单价及金额。

(3)每月根据该存货的购入、发出等会计凭证,登记存货购入(或发出)时的数量、单价及金额,登记完毕后,应在记账凭证上注明"√"符号,并结出期末的数量、单价及金额。填写示例如图1-5-5。

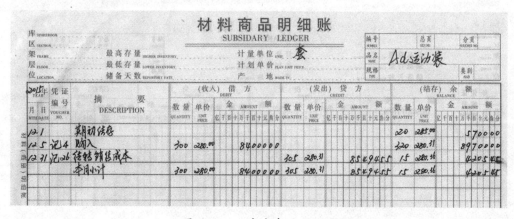

图1-5-5　库存商品明细账

六、多栏式明细账

适用于管理费用、销售费用、财务费用、制造费用、生产成本等末级明细科目借方发生额的登记、贷方结转及余额的核算。

1.账户目录的填写

根据管理费用、销售费用、财务费用、制造费用、生产成本等末级明细科目,依次填写,每个科目按上一年所用的账簿页数预留出页码空间,并写出该科目在账簿的页数,以方便快捷查阅。

2.账簿的登记

(1)准确填写管理费用、销售费用、财务费用、制造费用、生产成本等末级科目名称。

(2)根据审核无误的记账凭证,登记管理费用等的借方发生额、余额及各明细科目的借方发生额,登记完毕后,应在记账凭证上注明"√"符号。

(3)根据期末结转凭证,登记管理费用等的贷方发生额及各明细科目的贷方发生额,登记完毕后,应在记账凭证上注明"√"符号,并结出期末余额(损益类科目及制造费用科目期末余额为零,生产成本期末余额在借方,表示在产品成本)。填写示例如表1-5-1。

表1-5-1　管理费用明细账

单位：元

2015年 月	日	凭证号 字	号	摘要	借方	贷方	余额	工资及福利费	五险一金	差旅费	通讯费	办公费	折旧费	印花税	工会经费	教育经费	水电费	其他
12	5	记	6	付电费	500.00		500.00										500.00	
12	6	记	7	付水费	220.00		720.00										220.00	
12	9	记	11	计提工资	67500.00		68220.00	67500.00										
12	12	记	13	计提工会经费及教育经费	4680.00		72900.00								2080.00	2600.00		
12	13	记	14	支付社保险	26502.81		99402.81		26502.81									
12	15	记	16	钟强费用报销	1950.00		101352.81			1650.00	300.00							
12	15	记	17	张三费用报销	7060.00		108412.81			6500.00	560.00							
12	19	记	20	计提折旧	11292.42		119705.23						11292.42					
12	26	记	26	办公费报销	320.00		120025.23					320.00						
12	31	记	30	计提印花税	458.74		120483.97							458.74				
12	31	记	31	结转至本年利润（用红字登记）		120483.97	0.00	67500.00	26502.81	8150.00	860.00	320.00	11292.42	458.74	2080.00	2600.00	720.00	0.00
				本月合计	120483.97	120483.97	0.00	67500.00	26502.81	8150.00	860.00	320.00	11292.42	458.74	2080.00	2600.00	720.00	0.00

七、三栏式明细账

适用于应收账款、预收账款、其他应收款、其他应付款、预付账款、应付账款、应付职工薪酬、应交税费(应交增值税除外)、短期借款、应付利息、主营业务收入、其他业务收入、营业外收入、主营业务成本、其他业务成本、营业外支出、实收资本、本年利润、未分配利润等科目末级明细科目借、贷方发生额的登记及余额的核算。

1. 账户目录的填写

根据应收账款、预收账款、其他应收款、其他应付款、预付账款、应付账款、应付职工薪酬、应交税费(应交增值税除外)、短期借款、应付利息、主营业务收入、其他业务收入、营业外收入、主营业务成本、其他业务成本、营业外支出、实收资本、本年利润、未分配利润等科目末级明细科目,依次填写子目及户名,每个科目按上一年所用的账簿页数预留出页码空间,并写出该科目在账簿的页数,以方便快捷查阅。

2. 账簿的登记

(1)准确填写应收账款等一级科目及末级科目名称。

(2)登记应收账款等末级科目的期初余额,并注明借贷方向。

(3)根据记账凭证,登记各末级科目的借方发生额和贷方发生额,登记完毕后,应在记账凭证上注明"√"符号,并结出期末的余额及借贷方向。填写示例如图1-5-6。

图1-5-6　应收账款明细账

八、应交税费——应交增值税明细账

适用于一般纳税人"应交税费——应交增值税"三级明细账的登记。

小规模纳税人不设置"应交税费——应交增值税"三级明细科目,不登记"应交税费——应交增值税"三级明细账。小规模纳税人"应交税费——应交增值税"二级明细账在"三栏式明细账"登记。

1. 借、贷方涉及的明细科目

在"借方"登记的三级明细科目:"进项税额""已交税额""转出未交增值税"等。在"贷方"登记的三级明细科目:"销项税额""进项税额转出""未交增值税""转出多交增值税"等。

2. 账簿的登记

(1)登记应交税费——应交增值税科目的期初余额,并注明借贷方向。

(2)根据记账凭证,在各末级科目对应的借方和贷方逐笔登记发生额,登记完毕后,应在记账凭证上注明"√"符号。

(3)逐栏结出借、贷方合计金额,每月结出各明细科目的发生额及期末余额,并注明借贷方向。填写示例如表1-5-2。

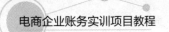

表1-5-2 应交税费——应交增值税明细账

单位:元

日期	凭证字号	摘要	借方				贷方					借或贷	余额
			合计	进项税额	已交税额	转出未交增值税	合计	销项税额	未交增值税	进项税额转出	转出多交增值税		
2015-11-27		期初余额										贷	7850.25
2015-12-01	记-1	购入固定资产	952.00	952.00									
2015-12-05	记-4	购进	14280.00	14280.00									
2015-12-07	记-10	购入	12750.00	12750.00									
2015-12-14	记-15	交税	7850.25		7850.25								
2015-12-31	记-22	销售					5780.00	5780.00					
2015-12-31	记-23	销售					14025.00	14025.00					
2015-12-31	记-24	销售					15708.00	15708.00					
2015-12-31	记-24	销售					9690.00	9690.00					
2015-12-31	记-28	计提增值税	17221.00			17221.00	17221.00		17221.00				
2015-12-31		本期合计	53053.25	27982.00	7850.25	17221.00	62424.00	45203.00	17221.00			贷	17221.00

036

九、出纳日记账

1. 现金日记账

(1)根据审核无误的记账凭证,序时、逐笔地登记库存现金科目的借、贷方发生额,登记完毕后,应在记账凭证上注明“√”符号。

(2)必须每天结出账户的余额,若每日经济业务发生笔数较多,还应结出每日借、贷方发生额小计及余额。

(3)期末结出借、贷方发生额及余额。填写示例如图1-5-7。

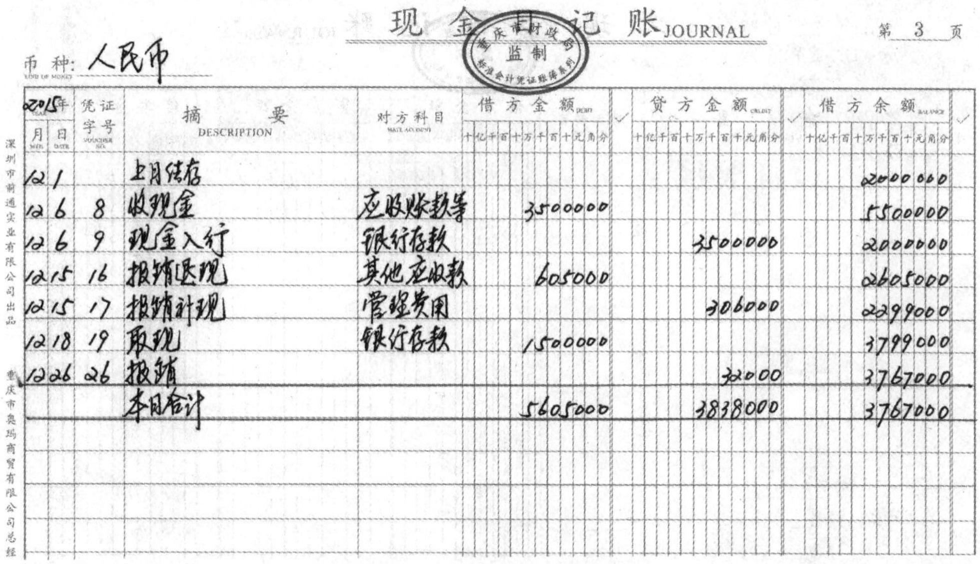
现金日记账 JOURNAL　　第 3 页

币种:人民币

2015年 月	日	凭证字号	摘要	对方科目	借方金额	贷方金额	借方余额
12	1		上月结存				2000000
12	6	8	收现金	应收账款等	3500000		5500000
12	6	9	现金入行	银行存款		3500000	2000000
12	15	16	报销退现	其他应收款	605000		2605000
12	15	17	报销补现	管理费用		306000	2299000
12	18	19	取现	银行存款	1500000		3799000
12	26	26	报销			32000	3767000
			本日合计		5605000	3838000	3767000

图1-5-7　现金日记账

2. 银行存款日记账

(1)根据审核无误的记账凭证,序时、逐笔地登记银行存款科目的借、贷方发生额,登记完毕后,应在记账凭证上注明“√”符号。

(2)必须每天结出账户的余额,若每日经济业务发生笔数较多,还应结出每日借、贷方发生额小计及余额。

(3)期末结出借、贷方发生额及余额。填写示例如图1-5-8和图1-5-9。

开户银行: 建行北碚支行　　银行存款日记账　BANK JOURNAL　　第 7 页　银行账号: 5000109360005088X9

2015年 月 日	凭证编号	摘要 DESCRIPTION	银行凭证 种类	号码	借方金额 DEBIT	贷方金额 CREDIT	借方余额 BALANCE
11 30		期初余额					32560068
12 1	记1	购入固定资产				655200	31904868
12 2	记2	收货款			2760000		34664868
12 3	记3	办理银行汇票				9828000	24836868
12 4	记5	付货款				2400000	22436868
12 5	记6	付电费				120000	22316868
12 6	记7	付水费				53000	22263868
12 6	记8	收货款			4300000		26563868
12 6	记9	现金入行			3500000		30063868
12 10	记12	发放工资				7786770	22277098
12 13	记14	交个人所得税				345443	21931655
12 14	记15	支付借款				6542489	15389166
12 15	记16	交税				879229	14509937
12 17	记19	付货款				5000000	9509937
12 18	记20	取利				1500000	8009937
		本页小计 转次页			10560000	35110131	8009937

图 1-5-8　银行存款日记账 1

第 8 页　开户银行: 建行北碚支行　　银行存款日记账　BANK JOURNAL　　银行账号: 5000109360005088X9

年 月 日	凭证编号	摘要 DESCRIPTION	银行凭证 种类	号码	借方金额 DEBIT	贷方金额 CREDIT	借方余额 BALANCE
		承前页			10560000	35110131	8009937
12 21	记22	销售				65000	7944937
12 22	记23	销售			9652500		17597437
12 23	记24	销售			10810800		28408237
12 24	记24	销售			6669000		35077237
12 24	记25	收货款			8000000		43077237
12 31		本月小计			45692300	35175131	43077237

图 1-5-9　银行存款日记账 2

 **相关知识**

(1) 会计账簿的作用及分类。

(2) 会计账簿与会计报表的联系。

任务评价

表1-5-3 总分类账账簿评价表

评价内容	评价标准	分值	学生自评	老师评估
账簿启用表	填写规范,要素齐全	5分		
账户目录表	字迹清晰,整齐规范,易于辨认	5分		
期初余额	总分类账期初金额正确	10分		
发生额	总分类账借、贷方发生额与科目汇总表各科目的借、贷方发生额的合计金额相符	35分		
期末余额	总分类账期末余额计算无误	30分		
情感评价	安全意识 法制意识 责任意识 自主学习能力 独立思考能力 团结协作能力 吃苦耐劳 心理健康	15分		

学习体会:

表1-5-4　固定资产账簿评价表

评价内容	评价标准	分值	学生自评	老师评估
账户相关信息	填写规范,要素齐全	5分		
期初余额	期初金额正确	10分		
发生额	借、贷方发生额与记账凭证借、贷方发生额金额相符	35分		
期末余额	资产净值及累计折旧期末余额计算无误	35分		
情感评价	安全意识 法制意识 责任意识 自主学习能力 独立思考能力 团结协作能力 吃苦耐劳 心理健康	15分		

学习体会:

表1-5-5 库存商品数量单价金额式账簿的登记

评价内容	评价标准	分值	学生自评	老师评估
账户相关信息	填写规范,要素齐全	10分		
期初余额	期初金额正确	10分		
发生额	借、贷方发生额与记账凭证借、贷方发生额金额相符	35分		
期末余额	数量、单价(月末一次加权平均法)、金额计算无误	30分		
情感评价	安全意识 法制意识 责任意识 自主学习能力 独立思考能力 团结协作能力 吃苦耐劳 心理健康	15分		

学习体会:

表1-5-6 管理费用多栏式账簿的登记

评价内容	评价标准	分值	学生自评	老师评估
账户相关信息	填写规范,要素齐全	10分		
明细科目的设置	根据企业的经营管理需要,设置明细科目	20分		
发生额	发生额与记账凭证发生额金额相符	20分		
期末结转	各明细科目期末结转余额正确,结转后无余额	20分		
合计金额	横向纵向金额计算无误	15分		
情感评价	安全意识 法制意识 责任意识 自主学习能力 独立思考能力 团结协作能力 吃苦耐劳 心理健康	15分		

学习体会:

表1-5-7　应收账款三栏式账簿的登记

评价内容	评价标准	分值	学生自评	老师评估
账户相关信息	填写规范,要素齐全	10分		
科目设置	明细科目准确	5分		
期初余额	余额方向及金额正确	15分		
发生额	发生额与记账凭证发生额金额相符	35分		
余额	余额方向及金额计算正确	20分		
情感评价	安全意识 法制意识 责任意识 自主学习能力 独立思考能力 团结协作能力 吃苦耐劳 心理健康	15分		

学习体会:

表1-5-8　应交增值税明细账账簿评价表

评价内容	评价标准	分值	学生自评	老师评估
账户相关信息	填写规范,要素齐全	10分		
期初余额	余额方向及金额正确	10分		
发生额	发生额与记账凭证发生额金额相符,对应的明细科目无误	40分		
合计金额	横向纵向金额计算无误	15分		
余额	余额方向及金额计算正确	10分		
情感评价	安全意识 法制意识 责任意识 自主学习能力 独立思考能力 团结协作能力 吃苦耐劳 心理健康	15分		

学习体会:

表1-5-9 现金日记账评价表

评价内容	评价标准	分值	学生自评	老师评估
账户相关信息	填写规范,要素齐全	10分		
期初余额	金额正确	10分		
发生额	发生额与记账凭证发生额金额相符,对方科目填写无误	30分		
合计金额	计算无误	15分		
余额	逐笔计算余额,金额正确	20分		
情感评价	安全意识 法制意识 责任意识 自主学习能力 独立思考能力 团结协作能力 吃苦耐劳 心理健康	15分		

学习体会:

表1-5-10　银行存款日记账评价表

评价内容	评价标准	分值	学生自评	老师评估
账户相关信息	填写规范,要素齐全	10分		
期初余额	金额正确	10分		
发生额	发生额与记账凭证发生额金额相符,对方科目填写无误	30分		
合计金额	计算无误	15分		
余额	逐笔结算余额,金额正确	20分		
情感评价	安全意识 法制意识 责任意识 自主学习能力 独立思考能力 团结协作能力 吃苦耐劳 心理健康	15分		

学习体会:

任务六   对账及期末结账

 任务介绍

会计人员应当定期将会计账簿与实物、款项及有关资料相互核对,保证会计账簿记录与实物记录及款项的实有数字相符、会计账簿记录与会计凭证的有关内容相符、会计账簿之间相对应的记录相符、会计账簿记录与会计报表的有关内容相符。对账的内容主要包括账证核对、账账核对、账实核对、账表核对。

结账就是把一定时期内发生的会计事项,在全部登记入账的基础上,结算出每一个账户的本期发生额和期末余额,并将期末余额结转至下期。会计人员应于每个会计期末对有关账户账簿记录进行结账。

 **任务分析**

会计人员应定期将记账凭证与明细账进行核对,总分类账与明细账进行核对,明细账与实物资产、债权单位、债务单位进行核对,总账与利润表、资产负债表进行核对。

结账分月结和年结。

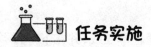 **任务实施**

一、定期对账

(1)账证核对。核对会计账簿记录与原始凭证、记账凭证的时间、凭证字号、内容、金额是否一致,记账方向是否相符。

(2)账账核对。核对不同会计账簿记录是否相符。包括:总账有关账户的余额核对;总账与明细账核对;总账与日记账核对等。

(3)账实核对。核对会计账簿记录与财产等实有数额是否相符。包括:现金日记账账面余额与现金实际库存数核对;银行存款日记账账面余额与银行对账单核对;各种应收、应付款明细账账面余额与有关债务、债权单位或者个人核对等。记账会计将往来款项与往来单位核对,各明细账与总账核对。

(4)账表核对。总账与资产负债表、利润表核对。

二、期末结账

1. 结账程序及方法

(1)结账前,检查本期内日常发生的经济业务是否已全部登记入账,若发现漏账、错账,应及时补记更正。

(2)根据权责发生制的要求,调整有关账项,合理确定本期应计的收入和应计的费用。

(3)月末将损益类科目转入"本年利润"科目,结平所有损益类科目。成本费用类科目转入"本年利润"的借方,收入类科目转入"本年利润"贷方。

(4)进行账项调整和结账之后,计算每个账户的期末余额,对于需要结计本期发生额的账户还需计算出本期发生额,并做出相应的结账标记。

(5)结账方法。

①必须定期结出账户的发生额和余额,每一账页登记完毕,接转下页时,应当结出本页合计数及余额写在本页最后一行和下页第一行有关栏内,并在摘要栏注明"过次页"和"承前页"字样,也可以将本页合计数及金额只写在下一页第一行有关栏内,并在摘要栏注明"承前页"字样。

②月末,应将各种收入类、费用类等损益类账户的余额转入本年利润账户,编制结转分录。没有余额的账户,结账时应当在借或贷栏填写"平"字,并在余额栏"元"位填写"⊕"表示。

③一般月结的方法是在本月最后一笔记录下面画一条通栏单红线,并在下一行的摘要栏中用蓝字居中手工书写"本月合计",也可加盖专门购买的红色印章,同时在该行结出本月发生额合计及余额,然后,在"本月合计"行下面再画一条通栏单红线。

④年末结账:各账户按上述方法进行月结的同时,在各账户的本年最后一笔记录下面画通栏双红线,表示"年末封账"。

⑤结转下年时,凡是有余额的账户,都应在年末画通栏双红线,并在下面一行摘要居中红笔注明"结转下年"字样。转入下年新账时,在下一年新账第一行的"摘要"栏内填写"上年结转"字样,将上年的年末余额填入"余额"栏。

2.错账更正

(1)错账的类型。

①记账凭证正确,登记账簿发生错误。

②记账凭证错误,引发登记账簿发生错误。

(2)查找错账的方法。

根据形成错账的金额,选用正确的方法(除2法、除9法、差数法、尾数法),快速查找错账。

①除2法,是用差额除以2得到一个数,重点查找这个数字,一般来说是解决记账方向借贷错位的问题。比如说差额200,那就找100这个数,看是不是记反方向了。

②除9法,是用差额除以9得到一个数,一种是记账时将金额记错位数,也就是大小数错误,这种错误无论是多记金额,还是少记金额,其差额必然是较小数的九倍,另一种是金额相邻数字错位,也就是将金额的前后数字颠倒,由此而产生的差额也能被9除尽。用于查找数字错位或邻数倒置。

③差数法是根据差额直接查找,看有无漏记、重记、记账串户、汇总串户等。

④尾数法即是对于发生的角、分的差错可以只查找小数部分,以提高查错的效率。

(3)错账更正的具体方法。

①画线更正法:适用于记账凭证正确,只是记账发生错误的错账。更正时应在需要更正的文字或数字(全部数位)上画一道红线,表示注销,然后再在红线上方书写正确的文字或数字,并加盖更正人的印章。

②红字更正法:记账凭证发生错误,引发记账发生错误的错账。更正时,将需要更正的错账全部用红字冲销,然后再根据补制的记账凭证重新记账。

③补充登记法:记账凭证中会计科目正确,所填金额小于应填金额发生的错账。则应再编制一张与原记账凭证应借应贷账户相同,但金额为补足应记金额差额的凭证,再根据该记账凭证记账。

相关知识

(1)总分账及各明细分类账的钩稽关系。

(2)月结、年结的异同。

任务评价

表1-6-1　对账及期末结账评价表

评价内容	评价标准	分值	学生自评	老师评估
对账	总分类账与明细分类账相符;银行日记账与银行对账单相符;会计凭证与会计账簿相符;往来账与有关债权债务单位的账务相符(可任选一项任务)	25分		
错账的查找	根据形成错账的金额,选用正确的方法(差数法、尾数法、除2法、除9法),快速查找错账	25分		
错账的更正	账簿记录发生错误,必须按照规定的方法予以更正,不准涂改、挖补、刮擦或者用药水消除字迹。选用正确的更正方法(画线更正法、红字更正法和补充登记法等)正确更正错账	25分		
结账	"过次页"和"承前页"金额正确,月结、年结画线规范	10分		
情感评价	安全意识 法制意识 责任意识 自主学习能力 独立思考能力 团结协作能力 吃苦耐劳 心理健康	15分		

学习体会:

任务七　编制会计报表

 任务介绍

　　会计报表是与企业有经济利害关系的外部单位和个人了解企业的财务状况和经营成果,并据以做出决策的重要依据。会计人员应于每个期末根据总分类账编制会计报表,一般企业只编制资产负债表和利润表。

 任务分析

　　根据每月月末收入类、成本费用类等损益类科目的结账凭证,编制利润表。也可根据总分类账账户中收入类、成本费用类等损益类科目编制利润表。

　　根据核对无误的总分类账账户余额,编制资产负债表。也可根据科目汇总表余额(或试算平衡表余额)编制资产负债表。

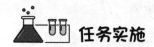 **任务实施**

一、利润表的编制

1. 利润表各栏的填列方法

　　月报:"本期金额"栏反映各项目的本月实际发生金额;"上期金额"栏反映各项目的上月实际发生金额。

　　中期报表:在编报中期财务会计报告时,"本期金额"栏反映各项目的本年度半年期的实际发生金额;"上期金额"栏反映各项目的上年度同期实际发生金额。

　　年报:在编报年度财务会计报告时,"本期金额"栏反映各项目的本年度全年实际发生金额;"上期金额"栏反映各项目的上年度同期实际发生金额。如果上年度利润

表与本年度利润表的项目名称和内容不相一致,应对上年度利润表项目的名称和数字按本年度的规定进行调整,填入本表"上期金额"。

2. 利润各项目的填列方法

"营业收入"项目＝"主营业务收入"项目+"其他业务收入"项目,反映企业经营主要业务及其他业务所取得的收入总额。本项目应根据"主营业务收入""其他业务收入"两个科目的发生额分析填列。

"营业成本"项目,反映企业经营主要业务和其他业务发生的实际成本。本项目应根据"主营业务成本"和"其他业务成本"科目的发生额分析填列。

"营业税金及附加"项目,反映企业经营主要业务应负担的营业税、消费税、城市维护建设税、资源税、土地增值税和教育费附加等。本项目应根据"营业税金及附加"科目的发生额分析填列。

"销售费用"项目,反映企业在销售商品和商品流通企业在购入商品等过程中发生的费用。本项目应根据"销售费用"科目的发生额分析填列。

"管理费用"项目,反映企业发生的管理费用。本项目应根据"管理费用"科目的发生额分析填列。

"财务费用"项目,反映企业发生的财务费用。本项目应根据"财务费用"科目的发生额分析填列。

"投资收益"项目,反映企业以各种方式对外投资所取得的收益。本项目应根据"投资收益"科目的发生额分析填列。如为投资损失,以"-"号填列。

"营业外收入"项目和"营业外支出"项目,反映企业发生的与其生产经营无直接关系的各项收入和支出。这两个项目应分别根据"营业外收入"科目和"营业外支出"科目的发生额分析填列。

"利润总额"项目,反映企业实现的利润总额。如为亏损总额,以"-"号填列。

"所得税费用"项目,反映企业按规定从本期利润总额中减去的所得税。本项目应根据"所得税费用"科目的发生额分析填列。

"净利润"项目,反映企业实现的净利润。如为净亏损,以"-"号填列。

3. 利润表填列的简易方法

根据每月末结转成本费用至本年利润科目的借方、结转收入类科目至本年利润科目的贷方两张凭证分析填列。

二、资产负债表的编制

资产负债表的各项目均需填列"年初余额"和"期末余额"两栏数字。

"年初余额"栏内各项目的数字,可根据上年末资产负债表"期末余额"栏相应项目的数字填列。如果本年度资产负债表规定的各个项目的名称和内容与上年度不相一致,应当对上年年末资产负债表各个项目的名称和数字按照本年度的规定进行调整。"期末余额"栏各项目的填列方法如下:

1."期末余额"根据明细账账户期末余额分析计算填列的科目

"应收账款"项目,应根据"应收账款"账户和"预收账款"账户所属明细账户的期末借方余额合计数,减去"坏账准备"账户中有关"应收账款"计提的"坏账准备"期末余额后的金额填列。

"预付账款"项目,应根据"预付账款"账户和"应付账款"账户所属明细账账户的期末借方余额合计数,减去"坏账准备"账户中有关"预付账款"计提的"坏账准备"期末余额后的金额填列。

"应付账款"项目,应根据"应付账款"账户和"预付账款"账户所属明细账账户的期末贷方余额合计数填列。

"预收账款"项目,应根据"预收账款"账户和"应收账款"账户所属明细账账户的期末贷方余额合计数填列。

"应收票据""应收股利""应收利息""其他应收款"项目应根据各相应账户的期末余额,减去"坏账准备"账户中相应各项目计提的"坏账准备"期末余额后的金额填列。

2."期末余额"根据总账账户期末余额分析计算填列的科目

"货币资金"项目,应根据"库存现金""银行存款"和"其他货币资金"等账户的期末余额合计数填列。

"未分配利润"项目,应根据"本年利润"账户和"利润分配"账户的期末余额计算填列,如为未弥补亏损,则在本项目内以"-"号填列,年末结账后,"本年利润"账户已无余额,"未分配利润"项目应根据"利润分配"账户的年末余额直接填列,贷方余额以正数填列,如为借方余额,应以"-"号填列。

"存货"项目,应根据"材料采购(或在途物资)""原材料""周转材料""库存商品"

"委托加工物资""生产成本"等账户的期末余额之和,减去"存货跌价准备"账户期末余额后的金额填列。

"固定资产"项目,应根据"固定资产"账户的期末余额减去"累计折旧""固定资产减值准备"账户期末余额后的净额填列。

"无形资产"项目,应根据"无形资产"账户的期末余额减去"累计摊销""无形资产减值准备"账户期末余额后的净额填列。

"在建工程""长期股权投资"和"持有至到期投资"项目,均应根据其相应总账账户的期末余额减去其相应减值准备后的净额填列。

"长期待摊费用"项目,根据"长期待摊费用"账户期末余额扣除其中将于一年内摊销的数额后的金额填列,将于一年内摊销的数额填列在"一年内到期的非流动资产"项目内。

"长期借款"和"应付债券"项目,应根据"长期借款"和"应付债券"账户的期末余额,扣除其中在资产负债表日起一年内到期,且企业不能自主地将清偿义务展期的部分后的金额填列,在资产负债表日起一年内到期,且企业不能自主地将清偿义务展期的部分在流动负债类下的"一年内到期的非流动负债"项目内反映。

3. "期末余额"根据总账账户期末余额直接填列的科目

"交易性金融资产""应收票据""固定资产清理""工程物资""短期借款""应付票据""应付职工薪酬""应交税费""实收资本""资本公积""盈余公积"等项目。这些项目中,"应交税费"等负债项目,如果其相应账户出现借方余额,应以"-"号填列;"固定资产清理"等资产项目,如果其相应的账户出现贷方余额,也应以"-"号填列。

相关知识

(1)资产负债表、利润表的作用。

(2)分析资产负债表、利润表的相关指标公式。

任务评价

表1-7-1 编制利润表评价表

评价内容	评价标准	分值	学生自评	老师评估
相关信息的填写	表头相关信息填写规范、准确	5分		
本期金额	表中各科目金额与总分类账金额核对无误	30分		
金额计算	营业利润、利润总额及净利润计算正确	30分		
本年累计	各对应累计金额计算正确	20分		
情感评价	安全意识 法制意识 责任意识 自主学习能力 独立思考能力 团结协作能力 吃苦耐劳 心理健康	15分		

学习体会:

表1-7-2 编制资产负债表评价表

评价内容	评价标准	分值	学生自评	老师评估
相关信息的填写	表头相关信息填写规范、准确	5分		
期初余额	表中各科目期初余额与总分类账期初余额核对无误	30分		
期末余额	表中各科目期末余额与总分类账期末余额核对无误	30分		
金额计算	资产、负债、所有者权益各合计金额计算正确,且资产=负债+所有者权益	20分		
情感评价	安全意识 法制意识 责任意识 自主学习能力 独立思考能力 团结协作能力 吃苦耐劳 心理健康	15分		

学习体会:

任务八　装订会计凭证

 任务介绍

会计凭证一般于每月末账务处理完毕后装订,凭证的厚度以2 cm为宜。装订好后凭证按年月顺序编号妥善保管归档。

 任务分析

会计凭证装订是每一个会计人员必备的一项会计技能,会计凭证记账后,应及时装订。装订的范围:原始凭证、记账凭证、科目汇总表、银行对账单等。科目汇总表的工作底稿也可以装订在内,作为科目汇总表的附件。

任务实施

(1)凭证装订前的整理:首先每月应将凭证按编号顺序排列,检查编号是否连续、齐全。检查记账凭证上经办人员(如财务主管、复核、记账、制单等)的签章是否齐全。检查原始单据是否齐全。若原始凭证纸张面积大于记账凭证的原始凭证,可按记账凭证的面积尺寸,先自右再自下两次折叠,并把凭证的左上角或左侧面让出来,以便装订后,还可以展开查阅。

(2)将凭证封面和封底,分别附在会计凭证的前面和后面,凭证以左边、上边为准对齐。再将包装牛皮纸,裁成凭证大小,并一分为二。一半用来作为此本凭证装订用,另一半作为下一本凭证装订时用。将裁好的纸放在封面上角,做护角线。

(3)在凭证的左上角画一腰长为5 cm的等腰三角形,再在等腰三角形两条腰距凭证左上角的1.5 cm处画上一个圆点,并以两个圆点分别画一条与腰平行的线,两条平行线相交的点作为装订凭证的中心点,两条平行线分别于三角形底边相交的两个点作为装订辅助点。用大针引线从底部穿过中心点,按着所画图形装订,不走重复线,装订完后在凭证的背面打线结。线绳最好在凭证中端系上。

（4）将护角向左上侧折,并将一侧剪开至凭证的左上角,然后抹上胶水。向后折叠,并将侧面和背面的线绳扣牢、粘牢。

（5）装订完毕后,在凭证本的脊背上面写上"某年某月第几册共几册"的字样。装订人在装订线封签处签名或者盖章。凭证封面上填写好凭证种类、起止号码、凭证张数,最后由会计主管人员和装订人员在凭证封面上签章。装订凭证厚度一般1.5～2 cm,方可保证装订牢固,美观大方。会计凭证装订示意图如图1-8-1至图1-8-3。

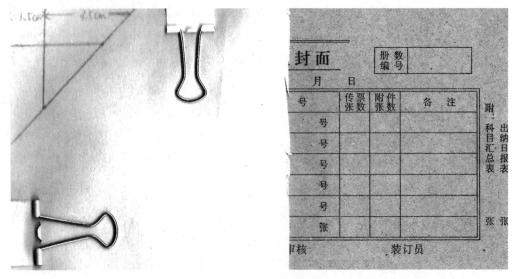

会计凭证封面

册数编号

年 月 日至 月 日

凭 证 种 类	编 号	传票张数	附件张数	备 注	附:
	自 号至 号				科目汇总表 出纳日报表
	自 号至 号				
	自 号至 号				
	自 号至 号				
	自 号至 号				
	全部凭证共计 张				张 张

财务主管	会计	审核	装订员

图1-8-1 会计凭证封面

图1-8-2 装订凭证1

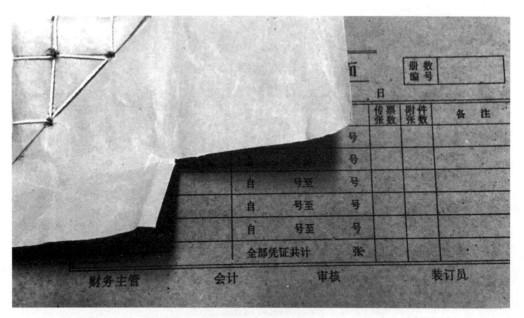

图1-8-3　装订凭证2

 **相关知识**

（1）会计档案的保管年限。

（2）会计档案的移交。

（3）会计档案的销毁。

任务评价

表1-8-1 装订会计凭证评价表

评价内容	评价标准	分值	学生自评	老师评估
装订前的整理	凭证按编号有序整理,并检查签章的完整性,凭证厚度以2 cm为宜	15分		
装订工具的准备	包装纸、装订针、装订线、装订机	10分		
会计凭证的装订	附件完整、整齐,装订牢固,美观大方	30分		
封面的填写	正确填写凭证种类、起止号码、凭证张数;会计主管人员和装订人员的签章完整;凭证编号规范	25分		
凭证护角	凭证护角牢固、规范	5分		
情感评价	安全意识 法制意识 责任意识 自主学习能力 独立思考能力 团结协作能力 吃苦耐劳 心理健康	15分		

学习体会:

任务九 账务处理

 任务介绍

根据重庆鲸咚电子商务有限责任公司2015年12月的经济业务,完成从编制记账凭证、登记T型账户、编制科目汇总表、登记总分类账及各类明细账,到编制财务报表,以及会计凭证的装订。

 任务分析

通过重庆鲸咚电子商务有限责任公司2015年12月的经济业务,依照会计工作规范流程处理各项经济业务,完成手工账务处理的所有过程。树立严谨的工作作风,养成实事求是的工作态度。

任务实施

(1)编制记账凭证。

(2)根据审核无误的记账凭证登记T型账户、编制科目汇总表及登记各类明细账。

(3)根据科目汇总表登记总分类账。

(4)根据总分类账编制资产负债表、利润表。

重庆鲸咚电子商务有限责任公司2015年12月发生经济业务如下(原始凭证见附录二):

①12月1日,从重庆惠仁有限公司购入电脑一台,型号HR704,不含税价款5600.00元,增值税952.00元,以网银支付电脑款6552.00元。(见附录二1-1至1-5)

②12月2日收到重庆双锐有限责任公司网上银行转账27600.00元。(见附录二2-1)

③12月3日出纳向银行申请办理银行汇票用以购买重庆Ad运动装有限公司商

品，网上银行支付98280.00元办理银行汇票存款。已收到银行汇票。（见附录二3-1至3-2）

④12月4日，网上银行支付重庆中宗快递公司24000.00元。（见附录二4-1至4-2）

⑤12月5日采购员用办理的银行汇票到重庆Ad运动装有限公司购进Ad运动装300套，不含税单价280.00元，价税合计98280.00元。商品已经验收入库，已取得增值税发票。（见附录二5-1至5-4）

⑥12月5日用网上银行支付重庆市电力公司电费1200.00元，其中销售部门耗用电费700.00元，行政管理部门耗用电费500.00元。已收到电费的普通发票。（见附录二6-1至6-4）

⑦12月6日用网上银行支付重庆市自来水有限公司水费530.00元。销售部门耗用310.00元，行政管理部门耗用220.00元。已收到水费的普通发票。（见附录二7-1至7-4）

⑧12月6日，收到重庆美镁有限责任公司通过网上银行转来的货款，金额为43000.00元，另收现金35000.00元，并将其现金送存银行。（见附录二8-1至8-3）

⑨12月7日，采购员到重庆Ni休闲装有限公司赊购了250套休闲装，不含税单价300.00元，价税合计87750.00元。商品已经验收入库，已取得增值税发票。（见附录二9-1至9-3）

⑩12月9日，根据工资结算明细表及保险计算表，计提2015年12月工资及单位保险。（见附录二10-1至10-2）

⑪12月10日根据"电子银行交易回单"，工资已经通过网上银行发放，实际发放金额77867.70元。已经扣除五险一金和个人所得税等代扣款项。（见附录二11-1）

⑫12月12日根据工资结算汇总表计提工会经费（2%）、职工教育经费（2.5%）。（见附录二12-1）

⑬12月13日，收到银行代扣的个人所得税及五险一金的缴款凭证。（见附录二13-1至13-7）

⑭12月14日，根据税款缴款书，缴纳上月税款：增值税7850.25元，城建税549.52元，教育费附加235.51元，地方教育费附加157.01元。（见附录二14-1至14-2）

⑮12月15日人事部钟强报销差旅费1650.00元，报销手机费300.00元。原借款8000.00元，多借款项以现金退回。（见附录二15-1至15-4）

⑯12月15日总经理张三报销差旅费6500.00元，手机费560.00元，原借款4000.00元，

冲借款后并以现金支付。(见附录二16-1至16-3)

⑰12月17日,用网上银行支付重庆Ni休闲装有限公司原欠款50000.00元。(见附录二17-1至17-2)

⑱12月18日开出现金支票,向开户行提取现金15000.00元。(见附录二18-1)

⑲12月19日,根据固定资产明细计提折旧。(见附录二19-1)

⑳12月21日,向重庆景泰有限责任公司销售Ad运动装85套,不含税单价400.00元,增值税税额5780.00元,价税合计39780.00元,并以银行存款垫付快递费650.00元,货款等未收。(见附录二20-1至20-2)

㉑12月22日,向重庆双锐有限责任公司销售Ni休闲装150套,价税合计96525.00元。收到网上银行转来的银行存款,金额为96525.00元。(见附录二21-1至21-2)

㉒12月1日-23日,向个人累计销售Ad运动装230套,价税合计113022.00元,220套已经交易成功,收到银行存款108108.00元。(见附录二22-1至22-3)

㉓12月1日-23日向个人累计销售Ni休闲装120套,价税合计80028.00元,100套已经交易成功,收到银行存款66690.00元。(见附录二23-1至23-3)

㉔12月24日,收到银行收账通知,重庆景泰有限责任公司货款80000.00元已经入账。(见附录二24-1)

㉕12月26日财务部胡悦报销办公用品费320.00元,以现金支付。(见附录二25-1)

㉖12月31日结转本月销售成本。(见附录二26-1)

㉗12月31日计提本月应交增值税和附加税、印花税。(假定本季度无新增账簿及营业证照,10-11月商品购进总额为463208.58元,10-11月销售收入总额为827697.24元)(见附录二27-1至27-2)

㉘12月31日结转本月所有损益类科目。(见附录二28-1)

㉙12月31日计算本季度所得税,并结转。(见附录二29-1)

㉚12月31日结转本年利润。(见附录二30-1)

相关知识

(1)企业经济业务的账务处理流程。

(2)资产负债表、利润表的分析。

(3)商业企业和工业企业成本处理的异同。

任务评价

表1-9-1　账务处理评价表

评价内容	评价标准	分值	学生自评	老师评估
记账凭证	记账凭证填制准确无误,对应附件完整,装订规范	25分		
T型账户、科目汇总表	正确填写T型账户、科目汇总表的金额,书写规范	20分		
会计账簿	正确登记总分类账以及明细分类账,书写清晰可认,金额正确,结账规范	20分		
会计报表	利润表和资产负债表的金额计算准确无误	20分		
情感评价	安全意识 法制意识 责任意识 自主学习能力 独立思考能力 团结协作能力 吃苦耐劳 心理健康	15分		

学习体会:

项目二 电算化账务实训

电算化账务处理项目以最新的《企业会计准则》及《会计基础工作规范》为依据,并用友T3会计信息化软件为平台,在计算机方式下诠释财务系统业务处理流程,从系统管理初始化、基础档案设置、总账及购销存管理系统初始化至总账及购销存管理系统日常业务处理、期末业务处理,每个任务不仅有操作的具体步骤,还配有软件的示范案例图,让烦琐的操作流程简单明了。

目标类型	目标要求
知识目标	(1)会系统管理初始化设置的操作方法 (2)会基础档案设置的操作方法 (3)会总账管理系统初始化设置的操作方法 (4)会购销存管理系统初始化设置的操作方法 (5)会总账管理系统日常业务处理的操作方法 (6)会购销存管理系统日常业务处理的操作方法 (7)会期末业务处理的操作方法
技能目标	(1)能进行系统管理初始化的相关操作 (2)能进行基础档案设置的相关操作 (3)能进行总账管理系统初始化的相关操作 (4)能进行购销存管理系统初始化的相关操作 (5)能进行总账管理系统日常业务处理的相关操作 (6)能进行购销存管理系统日常业务处理的相关操作 (7)能进行期末业务处理的相关操作
情感目标	(1)树立安全意识、法制意识、责任意识 (2)提高自主学习能力、独立思考能力 (3)培养团结协作的能力 (4)具有吃苦耐劳的精神 (5)拥有健康的心理

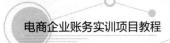
任务一　系统管理初始化

任务目标

用友T3财务软件系统管理初始化主要包括"增加操作人员""建立账套""系统启用"及"操作人员权限设置"等子任务。在软件中根据企业的具体情况和核算要求,建立一套符合企业核算要求的账套,为账套的成功启用奠定坚实的基础。

任务分析

以系统管理员"admin"的身份在系统管理程序下完成以下任务:

(1)系统管理注册。

(2)增加操作人员。

表2-1-1　操作人员及权限

操作员ID	姓名	部门	拥有权限的模块
1	郑苑	财务部	全部
2	胡悦	财务部	总账、财务报表、公用目录设置权限、采购管理、应付管理、销售管理、应收管理及核算
3	肖蜀	财务部	总账—出纳签字
4	赵懿	物流部	公用目录设置权限、库存管理
5	田晶	采购部	公用目录设置权限、采购管理
7	包鑫	采购部	公用目录设置权限、采购管理
6	付野	销售部	公用目录设置权限、销售管理
8	周怡	销售部	公用目录设置权限、销售管理

注:为操作简便起见,操作员口令均为空。

(3)建立账套。

账套号:001。

账套名称:鲸咚公司。

账套路径:默认路径。

启用会计期间: 2015年12月。

单位名称:重庆鲸咚电子商务有限责任公司。

单位简称:鲸咚公司。

单位地址:重庆市北碚区同兴北路116-2号。

法人代表:张三。

联系电话:023-888899X9。

税号:500109203X88999。

本币代码:RMB。

本币名称:人民币。

企业类型:商业。

行业性质:小企业会计核算制度。

账套主管:[1]郑苑。

按行业性质预置科目:选择按行业性质预置科目。

基础信息:存货、客户、供应商等无须进行分类管理,无外币核算。

科目编码级次:4-2-2-2。

数据精度定义:存货单价小数位及换算率小数位定位"4",其余数据默认系统设置。

(4)系统启用。

启用总账系统,启用日期为2015年12月01日。

(5)设置操作人员权限。

任务实施

一、系统管理注册

(1)鼠标双击桌面的"系统管理"程序图标,或执行"开始"|"程序"|"用友T3系列管理软件"|"系统管理"命令,进入"用友T3【系统管理】"窗口。

(2)执行"系统"|"注册"命令,打开"注册【控制台】"对话框。

(3)服务器文本框中默认为本地计算机名称,如果本机即为服务器或单机用户,则默认当前设置;否则单击按钮,打开"网络计算机浏览"对话框,从中选择要登录的服务器名称。

(4)在用户名输入栏中输入系统管理员名称"admin",系统默认管理员密码为空。输入完成后,如图2-1-1所示。

(5)单击【确定】按钮,进入系统管理界面。

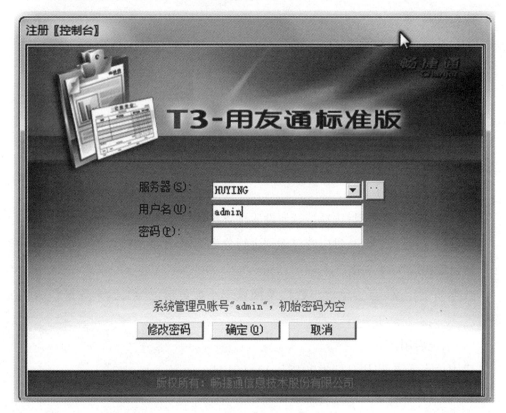

图2-1-1 "注册【控制台】"对话框

二、增加操作人员

(1)在系统管理界面下,执行"权限"|"操作员"命令,进入"操作员管理"窗口。

(2)单击【增加】按钮,打开"增加操作员"对话框。

(3)根据表2-1-1依次输入操作员信息,如图2-1-2所示。每增加一个操作员完成后,单击【增加】按钮增加下一位操作员,全部完成后,单击【退出】按钮返回。

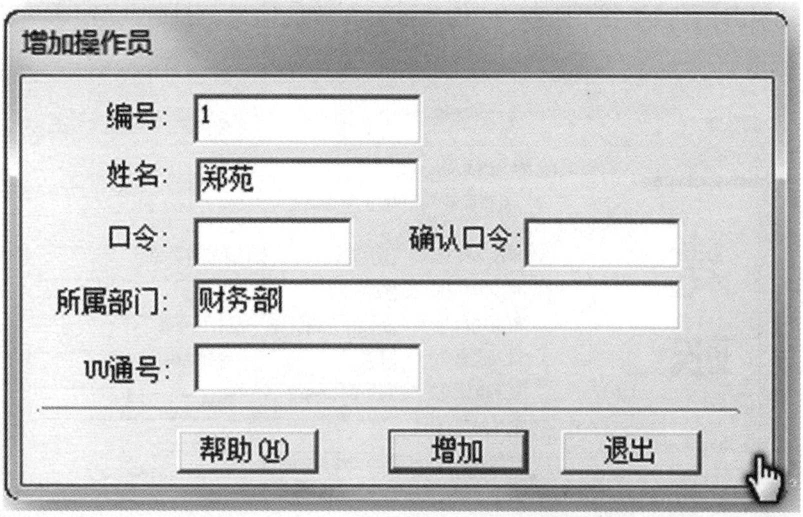

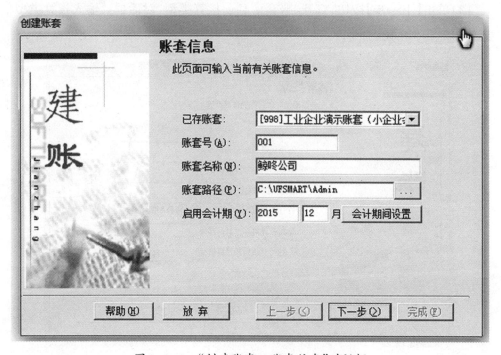

图2-1-2 "增加操作员"对话框

三、建立账套

(1)在系统管理界面下,执行"账套"|"建立"命令,打开"创建账套—账套信息"对话框。输入账套名称、账套号等信息,如图2-1-3所示。

图2-1-3 "创建账套—账套信息"对话框

（2）单击【下一步】按钮，打开"创建账套—单位信息"对话框。输入单位信息，如图2-1-4所示。

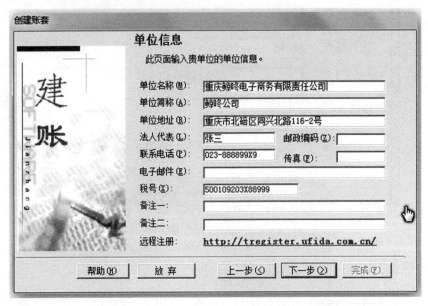

图2-1-4　"创建账套—单位信息"对话框

（3）单击【下一步】按钮，打开"账套信息—核算类型"对话框。输入核算类型信息，如图2-1-5所示。

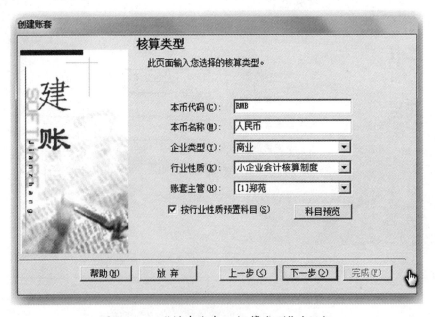

图2-1-5　"创建账套—核算类型"对话框

(4)单击【下一步】按钮,打开"创建账套—基础信息"对话框,如图2-1-6所示。

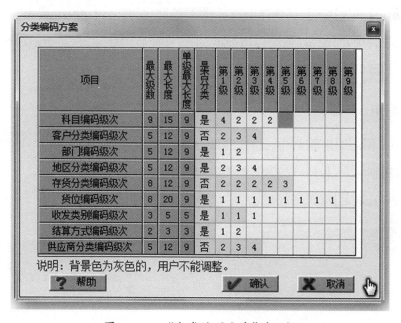

图2-1-6　"创建账套—基础信息"对话框

(5)单击【下一步】按钮,再单击【完成】按钮。弹出系统提示"可以创建账套了吗?",单击【是】按钮,稍候,弹出"分类编码方案"对话框,录入科目编码级次"4-2-2-2",如图2-1-7所示。

项目	最大级数	最大长度	单级最大长度	是否分类	第1级	第2级	第3级	第4级	第5级	第6级	第7级	第8级	第9级
科目编码级次	9	15	9	是	4	2	2	2					
客户分类编码级次	5	12	9	否	2	3	4						
部门编码级次	5	12	9	是	1	2							
地区分类编码级次	5	12	9	是	2	3	4						
存货分类编码级次	8	12	9	否	2	2	2	2	3				
货位编码级次	8	20	9	是	1	1	1	1	1	1	1	1	
收发类别编码级次	3	5	5	是	1	1	1						
结算方式编码级次	2	3	3	是	1	2							
供应商分类编码级次	5	12	9	否	2	3	4						

说明:背景色为灰色的,用户不能调整。

? 帮助　　　✓ 确认　　　✗ 取消

图2-1-7　"分类编码方案"对话框

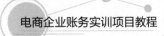

（6）单击【确认】按钮，打开"数据精度定义"对话框并根据资料定义数据精度，如图2-1-8所示。

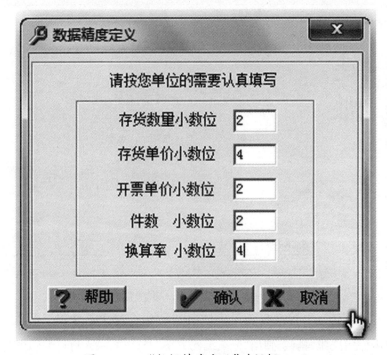

图2-1-8　"数据精度定义"对话框

（7）单击【确认】按钮，系统弹出提示"创建账套{鲸咚公司：[001]}成功"。

（8）单击【确定】按钮，系统弹出提示"是否立即启用账套？"，单击【是】按钮，进入"系统启用"窗口。

四、系统启用

（1）在"系统启用"窗口中，选中"总账"系统前的复选框，系统弹出"日历"窗口，选择总账启用日期为"2015-12-01"，如图2-1-9所示。

（2）单击【确定】按钮，弹出系统提示"确定要启用当前系统吗？"，单击【是】按钮返回到"系统启用"窗口，总账系统启用完成。其他子系统的启用，同理。

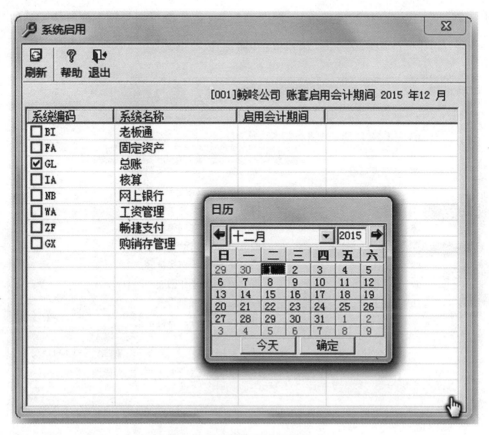

图 2-1-9　"系统启用"窗口

五、设置操作人员权限

1. 指定账套主管

指定账套主管可以在两个环节进行。一是建立账套环节,二是权限设置环节。

由于在建立账套时已直接指定账套主管,则系统自动赋予账套主管郑苑拥有 001 账套的全部操作权限。所以在此环节无须做任何操作,可直接开始对其他操作人员赋权。

2. 为其他操作人员赋权

(1)执行"权限" | "权限"命令,进入"操作员权限"窗口。

(2)从操作员列表中选择"胡悦",单击【增加】按钮,打开"增加权限——[2]"对话框。

(3)在产品分类选择列表中双击"GL 总账",使之变为蓝色,右侧与总账相对应的明细项目即自动选中(蓝色显示)。根据表2-1-1依次选择胡悦拥有的其他产品的功能权限,如图2-1-10所示。完成后,单击【确定】按钮返回。

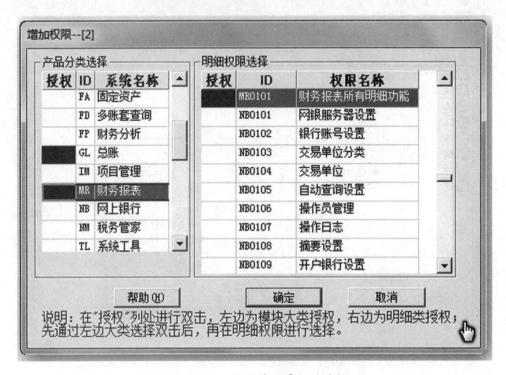

图2-1-10　为操作人员胡悦赋权

(4)同理,根据表2-1-1为余下的操作人员赋权。

相关知识

(1)一个账套可以设定多个账套主管,但整个系统只有一个系统管理员。

(2)在建立账套前应由系统默认的管理员"admin"登录。系统管理员"admin"没有密码,即密码为空。在实际工作中,为了保证系统的安全,必须为系统管理员设置密码。

(3)新建账套号不能与已存账套号重复。

(4)启用会计日期应大于或等于计算机系统日期。

任务评价

表2-1-2 系统管理初始化评价表

评价内容	评价标准	分值	学生自评	老师评估
增加操作人员	根据企业财务人员设置情况,正确设置所有操作人员	20分		
建立账套	完整录入账套信息,没有缺漏	30分		
启用账套	成功启用账套	5分		
操作人员权限	根据企业的实际情况,为每位操作人员赋权	30分		
情感评价	安全意识 法制意识 责任意识 自主学习能力 独立思考能力 团结协作能力 吃苦耐劳 心理健康	15分		

学习体会:

任务二 基础档案设置

 任务目标

新建账套成功后,基础档案设置的完善与否对账套的启用能否成功尤为重要。基础档案设置主要包括"机构设置""往来单位""会计科目""凭证类别""收付结算"等子任务。根据企业经营管理的实际情况,逐一规范设置。

 任务分析

在完成任务一的基础上,以账套主管"郑苑"的身份注册进入用友T3主界面完成以下操作。

(1)设置机构。

表2-2-1 部门信息

部门编码	部门名称
1	总经办
2	财务部
3	人事部
4	物流部
5	采购部
6	销售部

表2-2-2 职员信息

职员编号	职员名称	所属部门	职员编号	职员名称	所属部门
101	张三	总经办	601	龙东	销售部
102	王一	总经办	602	周怡	销售部
201	郑苑	财务部	603	程梅	销售部
202	胡悦	财务部	604	谢吉	销售部
203	肖蜀	财务部	605	付野	销售部
301	钟强	人事部	606	高隐	销售部
401	刘杰	物流部	607	何密	销售部
402	赵懿	物流部	608	马辉	销售部
501	田晶	采购部	609	吕兰	销售部
502	包鑫	采购部			

（2）设置往来单位。

表2-2-3　客户档案

客户编号	客户名称	客户简称	纳税人登记号	开户银行	银行账号
001	重庆双锐有限责任公司	重庆双锐	500109XXX503332	建行渝北支行	5000109360050333XX2
002	重庆景泰有限责任公司	重庆景泰	500107XXX777777	建行渝北支行	50001073600050115X7
003	重庆美镁有限责任公司	重庆美镁	500108XXX666666	建行北碚支行	5000108361150333XX3
004	个人	个人			

表2-2-4　供应商档案

供应商编号	供应商名称	供应商简称
001	重庆Ad运动装有限公司	重庆Ad
002	重庆Ni休闲装有限公司	重庆Ni

（3）设置会计科目。

由于在任务一中选择了"按行业性质预置科目"，因此在此只需要根据企业实际情况，在系统预设的会计科目体系基础上，按照表2-2-5给出的资料相应增加、修改会计科目，并指定会计科目即可。

表2-2-5　会计科目

科目编号及名称	辅助核算	计量单位	操作提示
库存现金（1001）	日记账		修改、指定会计科目
银行存款（1002）	日记账、银行账		修改、指定会计科目
建行北碚支行（100201）	日记账、银行账		增加会计科目
应收账款（1122）	客户往来		修改会计科目
其他应收款（1221）	个人往来		修改会计科目
Ad运动装（140501）	数量核算	套	增加会计科目
Ni休闲装（140502）	数量核算	套	增加会计科目
应付账款（2202）	供应商往来		修改会计科目
应交增值税（222101）			增加会计科目
进项税额（22210101）			增加会计科目
销项税额（22210102）			增加会计科目
未交增值税（22210103）			增加会计科目

续表

科目编号及名称	辅助核算	计量单位	操作提示
应交城建税(222102)			增加会计科目
应交教育费附加(222103)			增加会计科目
应交地方教育费附加(222104)			增加会计科目
建行利息(223101)			增加会计科目
重庆鲜美餐饮公司(224101)			增加会计科目
重庆市电力公司(224102)			增加会计科目
重庆市自来水有限公司(224103)			增加会计科目
重庆中宗快递公司(224104)			增加会计科目
未分配利润(410401)			增加会计科目
电费(660101)			增加会计科目
水费(660102)			增加会计科目
工资及福利费(660103)			增加会计科目
五险一金(660104)			增加会计科目
折旧费(660105)			增加会计科目
电费(660201)			增加会计科目
水费(660202)			增加会计科目
工资及福利费(660203)			增加会计科目
工会经费(660204)			增加会计科目
职工教育经费(660205)			增加会计科目
五险一金(660206)			增加会计科目
差旅费(660207)			增加会计科目
通讯费(660208)			增加会计科目
折旧费(660209)			增加会计科目
办公费(660210)			增加会计科目
印花税(660211)			增加会计科目

(4)设置凭证类别。

表2-2-6 凭证类别

类别名称	限制类型	限制科目
记账凭证	无限制	无

（5）设置收付结算。

表2-2-7　结算方式

结算方式编码	结算方式名称	票据管理
1	现金结算	否
2	网银结算	否
3	其他	否

表2-2-8　开户银行

编号	开户银行	银行账号
01	中国建设银行重庆北碚支行	500010936000508889X9

任务实施

一、设置机构

1. 输入部门信息

（1）鼠标双击桌面的"T3"程序图标，或执行"开始"|"程序"|"用友T3系列管理软件"|"T3"命令，打开"注册【控制台】"对话框。以"郑苑"的身份登录，如图2-2-1所示，单击【确定】按钮，进入用友T3主界面。

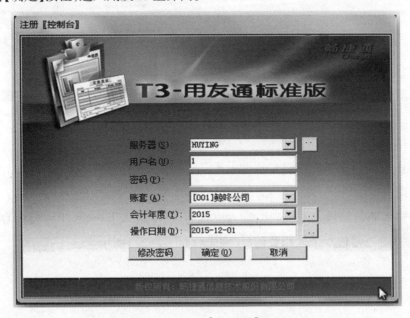

图2-2-1　"注册【控制台】"对话框

（2）执行"基础设置"|"机构设置"|"部门档案"命令，进入"部门档案"窗口。

（3）单击【增加】按钮，输入部门编码、部门名称信息，单击【保存】按钮。根据表2-2-1录入相关信息，完成后如图2-2-2所示。

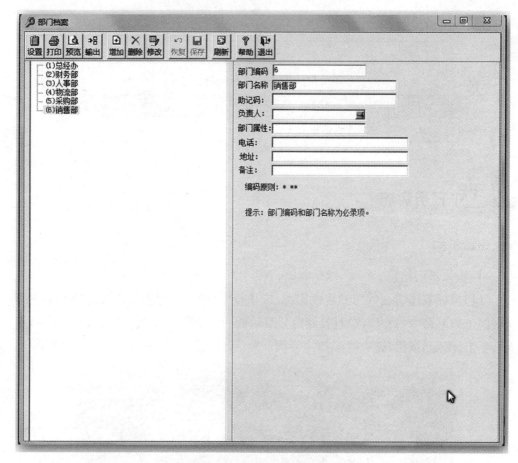

图2-2-2　部门档案信息

2.建立职员档案

（1）在用友T3主界面，执行"基础设置"|"机构设置"|"职员档案"命令，进入"职员档案"窗口。

（2）输入职员编号、职员名称，输入完成后，回车进入下一行，上一行内容自动保存。根据表2-2-2依次录入相关信息，完成后如图2-2-3所示。

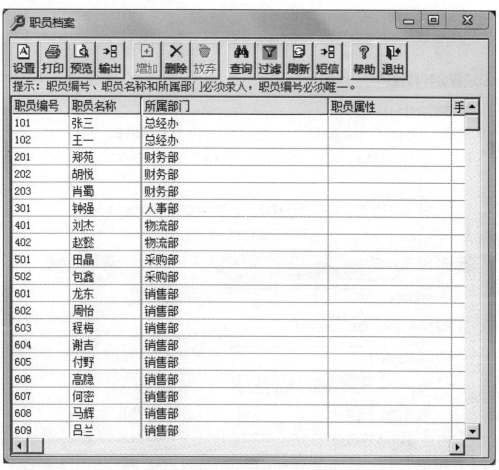

图 2-2-3 建立职员档案

二、设置往来单位

1.建立客户档案

(1)在用友T3主界面,执行"基础设置"|"往来单位"|"客户档案"命令,打开"客户档案"对话框。

(2)单击【增加】按钮,出现"客户档案卡片"对话框。

(3)在"客户档案卡片"对话框中,选择"基本"标签页。

(4)根据表2-2-3,输入"重庆双锐有限责任公司"的基本信息,输入各项内容后单击【保存】按钮。

(5)重复以上步骤,完成其他客户的基本信息录入,完成后单击【退出】按钮,返回。

2.建立供应商档案

供应商档案设置步骤与客户档案设置步骤基本一致,从略。

三、设置会计科目

1.增加会计科目

下面以会计科目"100201建行北碚支行"为例说明其操作步骤。

(1)在用友T3主界面,执行"基础设置"|"财务"|"会计科目"命令,进入"会计科目"窗口。

(2)单击【增加】按钮,打开"会计科目＿新增"对话框,依次输入科目编码、科目中文名称等内容,并勾选日记账、银行账,如图2-2-4所示。

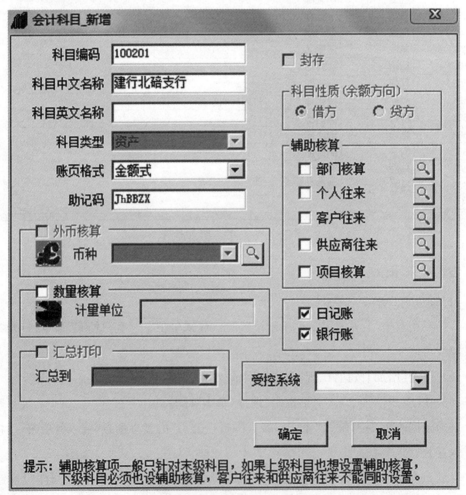

图2-2-4 "会计科目＿新增"对话框

(3)单击【确定】按钮,保存。重复上述步骤,可继续增加其他会计科目。

2.修改会计科目

下面以会计科目"1001库存现金"为例说明其操作步骤。

(1)双击"1001库存现金"科目,进入"会计科目_修改"对话框。

(2)单击【修改】按钮,选中"日记账"复选框,如图2-2-5所示。单击【确定】按钮,保存修改。同理修改其他会计科目,在此不再赘述。

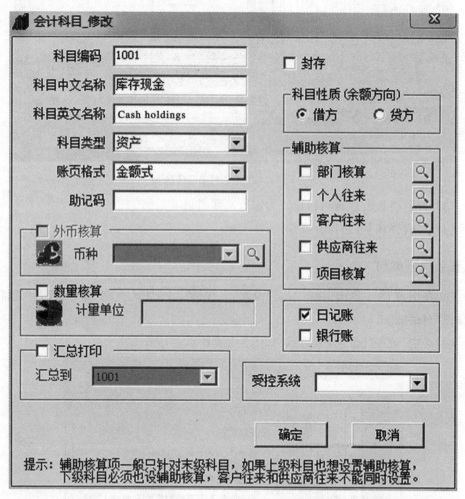

图2-2-5　"会计科目_修改"对话框

3.指定会计科目

(1)在会计科目窗口中,执行"编辑"|"指定科目"命令,打开"指定科目"对话框。

(2)选中"现金总账科目"单选按钮,从待选科目列表框中选择"1001库存现金"科目,单击【>】按钮,将现金科目添加到已选科目列表中,如图2-2-6所示。

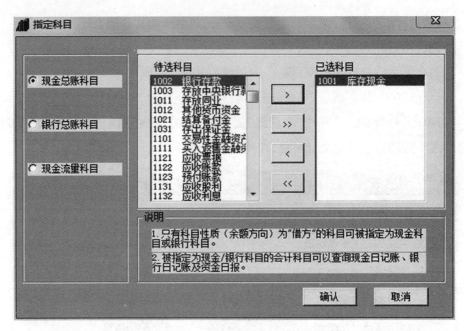

图2-2-6 "指定科目"对话框

（3）同理，将银行存款科目设置为银行总账科目。

（4）单击【确认】按钮保存操作。

四、设置凭证类别

（1）在用友T3主界面，执行"基础设置"|"财务"|"凭证类别"命令，打开"凭证类别预置"对话框。

（2）选中"记账凭证"分类方式，如图2-2-7所示。

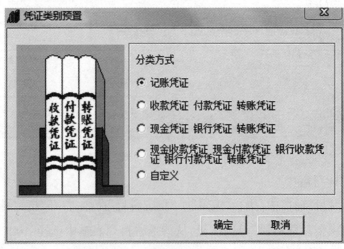

图2-2-7 "凭证类别预置"对话框

(3)单击【确定】按钮，进入"凭证类别"窗口。默认系统设置，直接单击【退出】按钮，完成设置。

五、设置收付结算

1.设置结算方式

(1)在用友T3主界面，执行"基础设置"|"收付结算"|"结算方式"命令，进入"结算方式"窗口。

(2)根据表2-2-7录入结算方式，如图2-2-8所示。

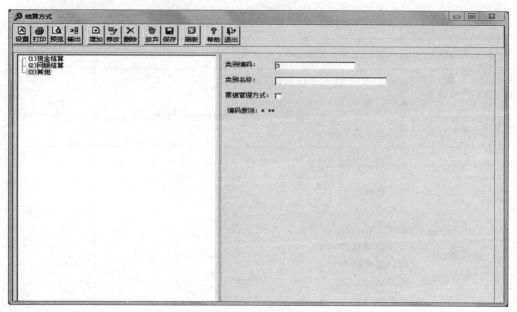

图2-2-8　"结算方式"窗口

2.设置开户银行

在用友T3主界面，执行"基础设置"|"收付结算"|"开户银行"命令，根据表2-2-8录入开户银行信息。

 **相关知识**

(1)客户档案和供应商档案都必须建立在最末级分类之下。

(2)供应商分类编码必须唯一。供应商分类的编码必须符合编码原则。

(3)只有指定"现金总账科目"和"银行总账科目"才能进行出纳签字，才能查询现金日记账和银行存款日记账。若想完成出纳签字的操作还应在总账系统的选项中设置"出纳凭证必须经由出纳签字"。

(4)设置结算方式的目的,一是提高银行对账的效率,二是根据业务自动生成凭证时可以识别相关的科目。

 **任务评价**

表2-2-9 基础档案设置评价表

评价内容	评价标准	分值	学生自评	老师评估
机构设置	能正确设置部门档案、职员档案	20分		
往来单位设置	能正确设置客户档案、供应商档案	20分		
会计科目设置	能正确增加、修改会计科目,并指定会计科目	30分		
凭证类别设置	能正确设置凭证类别	5分		
收付结算设置	能正确设置结算方式和开户银行	10分		
情感评价	安全意识 法制意识 责任意识 自主学习能力 独立思考能力 团结协作能力 吃苦耐劳 心理健康	15分		

学习体会:

任务三　总账管理系统初始化

 任务目标

基础档案设置就绪后,根据企业总分类账及明细账的期初数据,在"总账管理系统初始化"任务中,完成"总账管理系统选项设置"及"期初余额的录入"。

 任务分析

在完成任务二的基础上,以账套主管"郑苑"的身份注册进入用友T3主界面完成以下操作:

(1)设置总账参数。

表2-3-1　总账控制参数

选项卡	控制对象	参数设置
凭证	制单控制	制单序时控制 资金及往来赤字控制 允许查看他人填制的凭证 可以使用其他系统受控科目
	凭证控制	打印凭证页脚姓名 出纳凭证必须经由出纳签字
	凭证编号方式	系统编号
	预算控制	进行预算控制

(2)输入期初余额并试算平衡。

①总账期初余额明细表。

表2-3-2　总账期初余额明细表

单位:元

科目编号及名称	方向	币别/计量	期初余额
库存现金(1001)	借		20000.00
银行存款(1002)	借		325600.68
建行北碚支行(100201)	借		325600.68
应收账款(1122)	借		205600.00

续表

科目编号及名称	方向	币别/计量	期初余额
其他应收款(1221)	借		12000.00
库存商品(1405)	借		15150.00
Ad运动装(140501)	借		5700.00
		套	20.00
Ni休闲装(140502)	借		9450.00
		套	30.00
固定资产(1601)	借		1128500.00
累计折旧(1602)	贷		296908.91
短期借款(2001)	贷		200000.00
应付账款(2202)	贷		123000.00
应付职工薪酬(2211)	贷		26301.92
应交税费(2221)	贷		8792.29
应交增值税(222101)	贷		7850.25
未交增值税(22210103)	贷		7850.25
应交城建税(222102)	贷		549.52
应交教育费附加(222103)	贷		235.51
应交地方教育费附加(222104)	贷		157.01
应付利息(2231)	贷		3000.00
建行利息(223101)	贷		3000.00
其他应付款(2241)	贷		49230.00
重庆鲜美餐饮公司(224101)	贷		23000.00
重庆电力公司(224102)	贷		1600.00
重庆水厂(224103)	贷		630.00
重庆中宗快递公司(224104)	贷		24000.00
实收资本(4001)	贷		800000.00
本年利润(4103)	贷		137508.36
利润分配(4104)	贷		62109.20
未分配利润(410401)	贷		62109.20

②辅助账期初余额明细表。

表2-3-3　应收账款期初余额明细表

日期	客户	摘要	方向	金额(元)
2015-11-30	重庆双锐有限责任公司	销货款	借	27600.00
2015-11-30	重庆景泰有限责任公司	销货款	借	100000.00
2015-11-30	重庆美镁有限责任公司	销货款	借	78000.00

表2-3-4　其他应收款期初余额明细表

日期	部门	个人	摘要	方向	金额(元)
2015-11-30	总经办	张三	借款	借	4000.00
2015-11-30	人事部	钟强	借款	借	8000.00

表2-3-5　应付账款期初余额明细表

日期	供应商	摘要	方向	金额(元)
2015-11-30	重庆Ad运动装有限公司	购货款	贷	68000.00
2015-11-30	重庆Ni休闲装有限公司	购货款	贷	55000.00

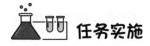 **任务实施**

一、设置总账选项

(1)在用友T3主界面,执行"总账"|"设置"|"选项"命令,打开"选项"对话框。

(2)选择"凭证"选项卡,根据表2-3-1进行凭证参数设置,如图2-3-1所示。

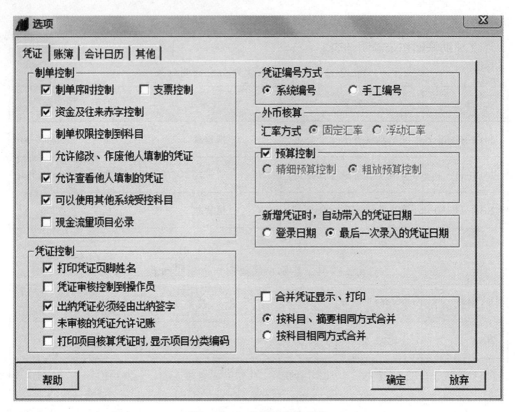

图2-3-1 "凭证"选项卡

(3)设置完成后,单击【确定】按钮返回。

二、输入期初余额并试算平衡

(1)在用友T3主界面,执行"总账"|"设置"|"期初余额"命令,进入"期初余额录入"窗口。

(2)直接输入末级科目(底色为白色)期初余额,上级科目的余额自动汇总计算。

(3)设置了辅助核算的科目底色显示为蓝色,其累计发生额可直接输入,但期初余额的录入要到相应的辅助账窗口按明细输入每个辅助核算科目的金额,如图2-3-2"应收账款期初余额的录入",其余带辅助核算的科目的期初余额的录入,同理。

(4)完成后单击【退出】按钮,辅助账余额自动带到总账。

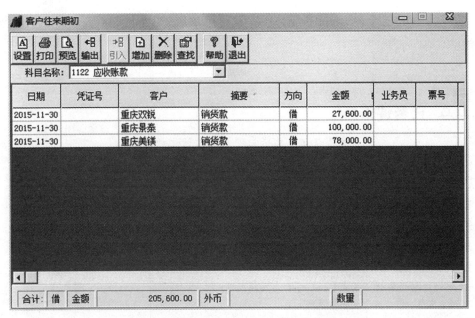

图2-3-2 "客户往来期初"录入窗口

(5)输完所有科目余额后,单击【试算】按钮,打开"期初试算平衡表"对话框,如图2-3-3所示。试算平衡后,单击【确认】按钮。

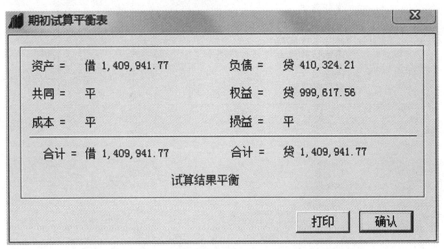

图2-3-3 "期初试算平衡表"对话框

 **相关知识**

(1)总账管理系统的启用日期必须大于等于系统的启用日期。

(2)期初余额试算不平衡,将不能记账,但可以填制凭证。

（3）已经记过账，则不能再输入、修改期初余额，也不能执行"结转上年余额"功能。

任务评价

表2-3-6　总账管理系统初始化评价表

评价内容	评价标准	分值	学生自评	老师评估
设置总账选项	能正确设置总账控制参数	10分		
总账科目期初余额录入	能完整、正确地录入总账科目期初余额	40分		
辅助账科目期初余额录入	能完整、正确地录入辅助账科目期初余额	30分		
试算平衡检查	试算结果平衡	5分		
情感评价	安全意识 法制意识 责任意识 自主学习能力 独立思考能力 团结协作能力 吃苦耐劳 心理健康	15分		

学习体会：

任务四 购销存管理系统初始化

 任务目标

根据企业经营管理需要,在"购销存管理系统初始化"任务中,对物料进行科学编码,完善物料的基础信息,准确录入期初的数量、单价及金额,以便于物料的有效控制与成本核算。

 任务分析

在完成任务三的基础上,以账套主管"郑苑"的身份完成以下操作:

(1)启用购销存管理系统、核算系统。

(2)设置基础信息。

表2-4-1 存货档案

存货编码	存货名称	计量单位	税率(%)	存货属性	参考成本(元)	启用日期
101	Ad运动装	套	17	销售、外购	285.00	2015-12-01
102	Ni休闲装	套	17	销售、外购	315.00	2015-12-01

表2-4-2 仓库档案

仓库编码	仓库名称	所属部门	负责人	计价方式
1	服装库	物流部	赵懿	全月平均法

表2-4-3 收发类别

收发类别编码	收发类别名称	收发标志
1	入库类别	收
11	采购入库	收
2	出库类别	发
21	销售出库	发

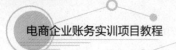

表2-4-4　费用项目

费用项目编号	费用项目名称	备注
01	快递费	

(3)设置基础科目。

表2-4-5　存货科目

仓库编码	仓库名称	存货科目
1	服装库	Ad运动装(140501)

表2-4-6　存货对方科目

收发类别	对方科目
采购入库	银行存款/建行北碚支行(100201)
销售出库	主营业务成本(6401)

(4)输入期初数据。

表2-4-7　库存/存货期初数据

仓库名称	存货编码	存货名称	数量	单价(元)
服装库	101	Ad运动装	20	285.00
服装库	102	Ni休闲装	30	315.00

表2-4-8　客户往来期初数据

日期	客户	部门名称	科目	货物名称	数量	单价(元)
2015-11-30	重庆双锐有限责任公司	销售部	1122	Ad运动装	80	345.00
2015-11-30	重庆景泰有限责任公司	销售部	1122	Ni休闲装	250	400.00
2015-11-30	重庆美镁有限责任公司	销售部	1122	Ni休闲装	195	400.00

表2-4-9　供应商往来期初数据

日期	发票号	供应商	部门名称	科目	存货名称	金额(元)
2015-11-30	018750	重庆Ad运动装有限公司	采购部	2202	101	68000.00
2015-11-30	018798	重庆Ni休闲装有限公司	采购部	2202	102	55000.00

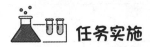

任务实施

一、启用购销存管理系统、核算系统

（1）启动系统管理程序，并以账套主管"郑苑"的身份注册登录系统。

（2）执行"账套"|"启用"命令，弹出"系统启用"对话框。

（3）选中"购销存管理"复选框，弹出"日历"对话框。

（4）选择日期"2015年12月1日"，如图2-4-1所示。

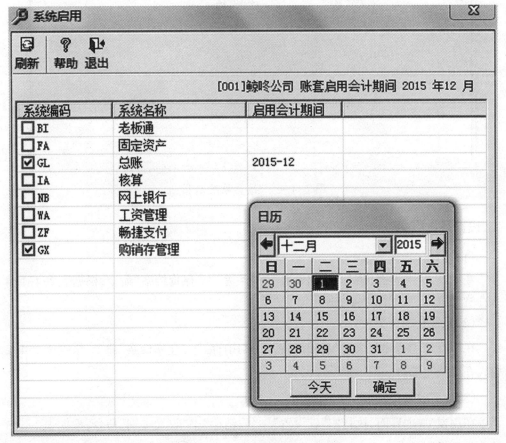

图2-4-1　购销存管理系统启用

（5）单击【确定】按钮。再单击【是】按钮。

（6）同理，启用"核算"子系统，如图2-4-2所示。

图 2-4-2　核算系统启用

二、设置基础信息

（1）设置存货档案。

在用友 T3 主界面，执行"基础设置"｜"存货"｜"存货档案"命令，根据表 2-4-1 输入存货档案信息，如图 2-4-3 所示。

（2）设置仓库档案。

在用友 T3 主界面，执行"基础设置"｜"购销存"｜"仓库档案"命令，根据表 2-4-2 输入仓库档案信息。

（3）设置收发类别。

在用友 T3 主界面，执行"基础设置"｜"购销存"｜"收发类别"命令，根据表 2-4-3 输入收发类别信息。

（4）设置费用项目。

在用友 T3 主界面，执行"基础设置"｜"购销存"｜"费用项目"命令，根据表 2-4-4 输入费用项目信息。

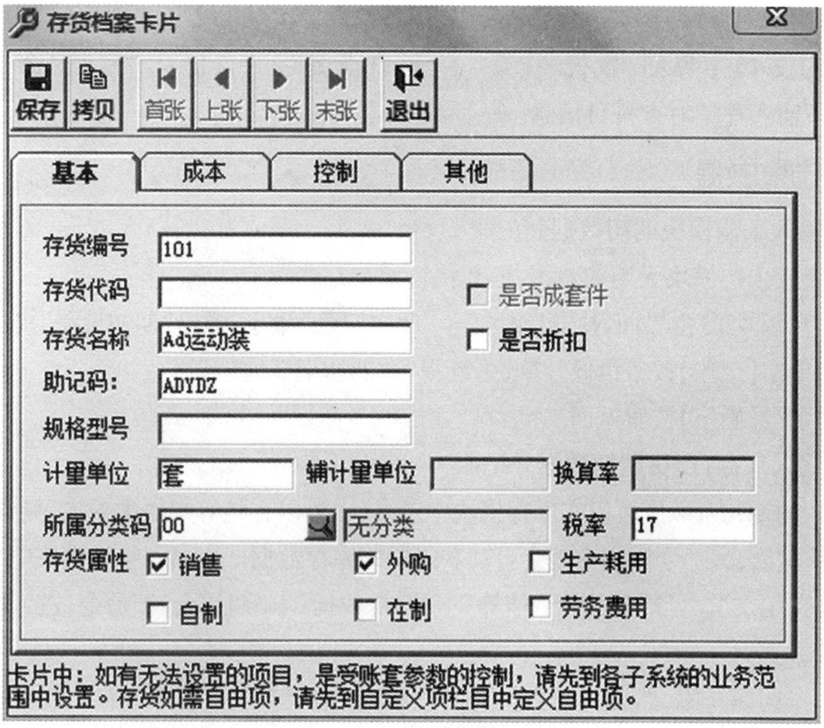

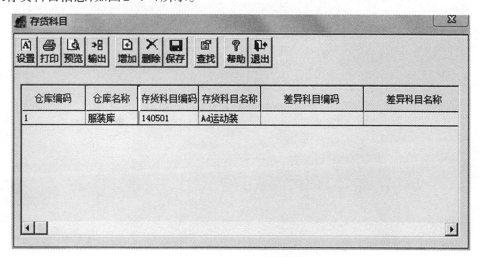

图2-4-3　设置存货档案

三、设置基础科目

(1)存货科目。

在用友T3主界面,执行"核算"|"科目设置"|"存货科目"命令,根据表2-4-5输入存货科目信息,如图2-4-4所示。

图2-4-4　设置存货科目

(2)存货对方科目。

在用友T3主界面,执行"核算"|"科目设置"|"存货对方科目"命令,根据表2-4-6输入存货对方科目信息。

四、输入期初数据

1.输入采购模块期初数据并记账

本企业采购模块无期初数据,但要执行期初记账。

(1)在用友T3主界面,执行"采购"|"期初记账"命令,弹出"期初记账"提示框。

(2)单击【记账】按钮稍候片刻,系统提示"期初记账完毕"。

(3)单击【确定】按钮返回。

2.输入库存/存货期初数据并记账

存货的期初余额既可以在库存模块中录入,也可以在核算模块中录入,只要在其中一个模块输入,另一个模块中就会自动获得期初库存数据。本书在核算模块中录入。

(1)在用友T3主界面,执行"核算"|"期初数据"|"期初余额"命令,进入"期初余额"窗口。

(2)先选择仓库,然后再单击【增加】按钮,根据表2-4-7输入库存期初数据,再单击【保存】按钮,如图2-4-5所示。

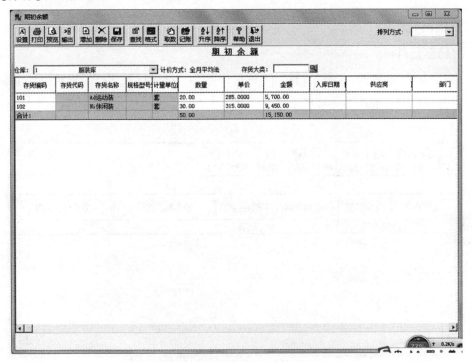

图2-4-5 录入库存/存货期初数据

(3)单击【记账】按钮,系统对所有仓库进行记账,系统提示"期初记账成功!"。

3.输入客户往来期初数据并对账

(1)在用友T3主界面,执行"销售"|"客户往来"|"客户往来期初"命令,打开"期初余额——查询"对话框,单击【确认】按钮,进入"期初余额明细表"窗口。

(2)单击工具栏上的【增加】按钮,打开"单据类别"对话框,单据类型选择"普通发票",单击【确认】按钮,进入"销售普通发票"窗口。

(3)根据表2-4-8输入应收期初数据,如图2-4-6所示。录入完成后,单击【保存】按钮,再单击【退出】按钮。

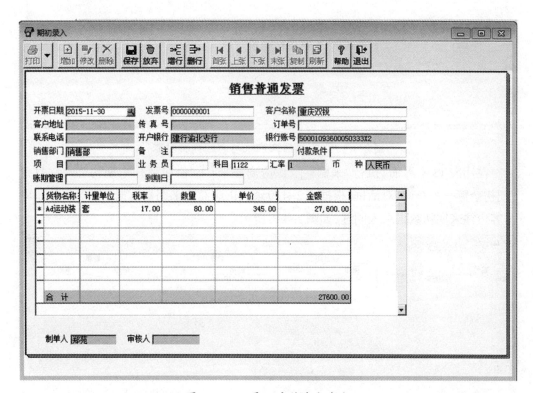

图2-4-6　录入应收期初数据

(4)在期初余额明细表窗口,单击【对账】按钮,与总账系统进行对账,如图2-4-7所示。

4.输入供应商往来期初数据并对账

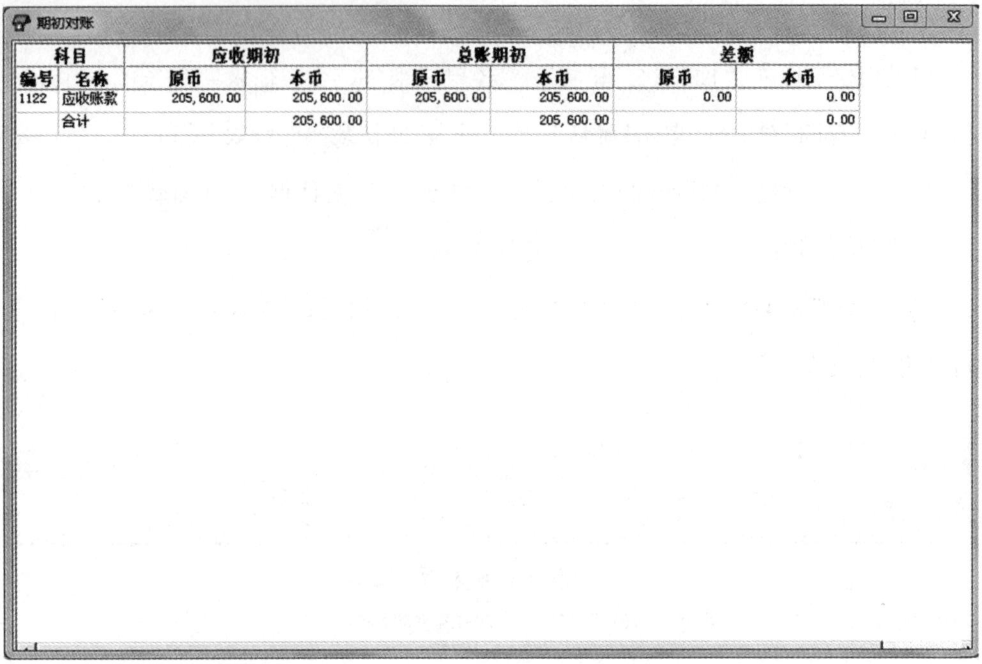

科目		应收期初		总账期初		差额	
编号	名称	原币	本币	原币	本币	原币	本币
1122	应收账款	205,600.00	205,600.00	205,600.00	205,600.00	0.00	0.00
	合计		205,600.00		205,600.00		0.00

图2-4-7　客户往来应收与总账期初对账

在用友T3主界面,执行"采购"|"供应商往来"|"供应商往来期初"命令,打开"期初余额——查询"对话框,根据表2-4-9录入供应商往来期初数据信息。操作步骤与客户往来期初数据录入同理,如图2-4-8所示。

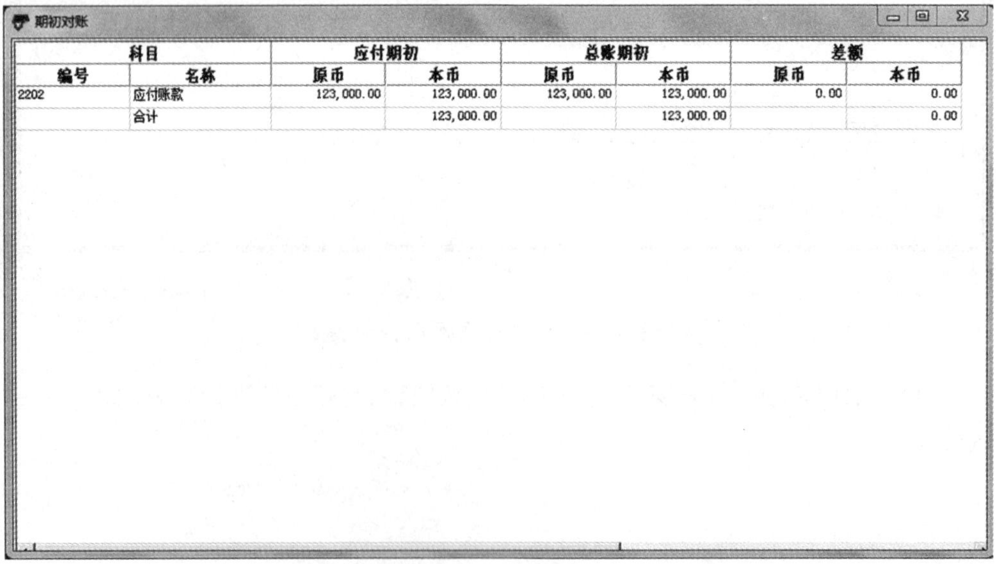

科目		应付期初		总账期初		差额	
编号	名称	原币	本币	原币	本币	原币	本币
2202	应付账款	123,000.00	123,000.00	123,000.00	123,000.00	0.00	0.00
	合计		123,000.00		123,000.00		0.00

图2-4-8　供应商往来应付与总账期初对账

相关知识

（1）采购管理系统即使没有期初数据，也要执行期初记账，否则无法开始日常业务处理。

（2）采购管理系统如果不执行期初记账，库存管理系统和存货核算系统不能记账。

（3）采购管理系统若要取消期初记账，执行"采购"｜"期初记账"命令，在弹出的提示框中单击【取消记账】按钮。

任务评价

表2-4-10 购销存管理系统初始化设置评价表

评价内容	评价标准	分值	学生自评	老师评估
启用购销存管理系统、核算系统	能正确启用购销存管理系统、核算系统	10分		
设置基础信息	能正确设置存货档案、仓库档案、收发类别、费用项目等基础信息	20分		
设置基础科目	能正确设置相关科目及其对方科目	15分		
输入期初数据	能正确输入采购模块、库存模块、核算模块的期初数据并记账成功；能正确输入客户往来、供应商往来的期初数据并与总账系统进行对账	40分		
情感评价	安全意识 法制意识 责任意识 自主学习能力 独立思考能力 团结协作能力 吃苦耐劳 心理健康	15分		

学习体会：

任务五　总账管理系统日常业务处理

 任务目标

总账管理系统日常业务处理主要是记账凭证的填制,包括凭证头、凭证正文、凭证尾三部分的填制,其中凭证尾部分相应责任人员的签字,系统会根据当前注册进入本系统的操作人员姓名自动输入。根据企业的实际经济业务选择合适的凭证类型进行凭证的填制,并能正确调出符合查询条件的凭证及科目汇总表的输出。

任务分析

2015年12月的全部经济业务见项目一的任务九,其中2,5,8,9,17,20,21,22,23,24,26号经济业务在购销存管理系统生成记账凭证,余下经济业务都在总账管理系统生成记账凭证,现仅举例说明部分经济业务在总账管理系统生成凭证的操作方法。

在完成任务四的基础上,以会计"胡悦"的身份注册进入用友T3主界面完成以下操作:

(1)填制凭证。

资料1:12月1日,从重庆惠仁有限公司购入电脑一台,型号HR704,不含税价款5600.00元,增值税952.00元,以网银支付电脑款6552.00元。

(2)查询凭证。

(3)查看当前未记账凭证汇总表。

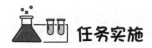 **任务实施**

一、填制凭证

（1）以胡悦的身份注册进入用友 T3 主界面，执行"总账"｜"凭证"｜"填制凭证"命令，进入"填制凭证"窗口。

（2）单击【增加】按钮，系统自动增加一张空白记账凭证。

（3）输入制单日期"2015-12-01"、摘要"购电脑"、借方科目编码"1601"、借方金额"5600.00"等信息，确认无误后，回车，摘要自动带到下一行，根据资料 1 继续填制相关内容，直至输入贷方科目代码"100201"回车后，弹出辅助项对话框，如图 2-5-1 所示。

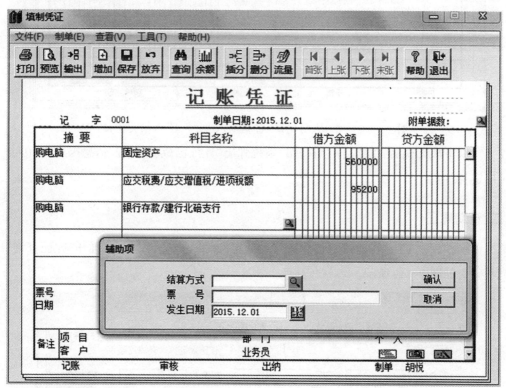

图 2-5-1　辅助核算项目

（4）在"辅助项"对话框中输入结算方式"2"，单击【确认】按钮退出，将光标定位在贷方金额栏，按下电脑键盘上的"="键，系统自动汇总借方合计金额过入到贷方金额栏，如图 2-5-2 所示。

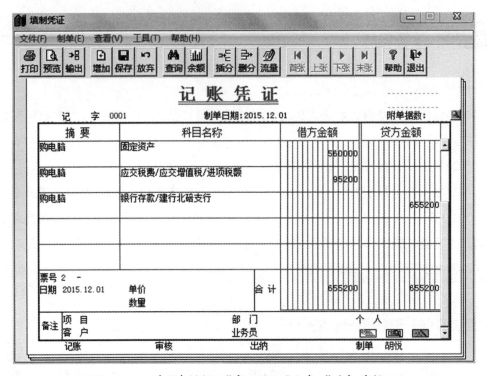

图2-5-2　在"填制凭证"窗口输入"业务1"的相关凭证

（5）审核无误后，单击【保存】按钮，系统弹出"凭证已成功保存！"信息提示框，单击【确定】按钮。

二、查询凭证

（1）在用友T3主界面，执行"总账"|"凭证"|"查询凭证"命令，打开"凭证查询"对话框，如图2-5-3所示。

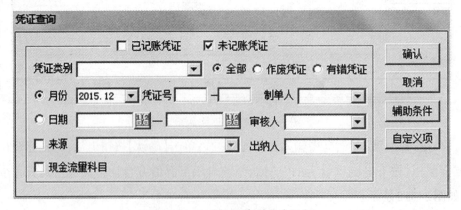

图2-5-3　"凭证查询"对话框

（2）在"凭证查询"对话框中,选择"未记账凭证"复选框。

（3）在"月份"下拉列表中选择"2015-12",其他栏目为空。

（4）单击【确认】按钮,即可找到符合查询条件的凭证。

三、查看当前未记账凭证汇总表

（1）在用友 T3 主界面,执行"总账"｜"凭证"｜"科目汇总"命令,打开"科目汇总表"对话框。

（2）在"科目汇总表"对话框中,在"月份"下拉列表中选择"2015-12"。

（3）在"凭证类别"下拉列表中选择"全部"。

（4）确定选择范围为"未记账凭证",其他条件为空。

（5）单击【汇总】按钮,即可显示所有未记账凭证的汇总表。

相关知识

（1）采用制单序时控制时,凭证日期必须大于等于总账启用日期。

（2）凭证一旦保存,其凭证类别、凭证编号不能修改。

（3）未经审核的错误凭证可通过"填制凭证"功能直接修改;已审核的错误凭证应先取消审核后再进行修改。

（4）外部系统传过来的凭证不能在总账管理系统中进行修改,只能在生成该凭证的系统中进行修改。

（5）修改辅助核算信息时,需要将光标定位在凭证中带辅助核算信息的科目上,移动鼠标到凭证上的辅助核算区,待鼠标变形为笔形时双击,出现"辅助核算"对话框,按要求修改。

任务评价

表2-5-1 总账管理系统日常业务处理评价表

评价内容	评价标准	分值	学生自评	老师评估
填制凭证	能根据经济业务正确填制所有记账凭证	60分		
查询凭证	能正确输入凭证查询条件调出符合查询条件的凭证	10分		
查看当前未记账凭证汇总表	能正确输入记账凭证科目汇总的范围条件并查看到相应条件的科目汇总表	15分		
情感评价	安全意识 法制意识 责任意识 自主学习能力 独立思考能力 团结协作能力 吃苦耐劳 心理健康	15分		

学习体会：

任务六　购销存管理系统日常业务处理

任务目标

购销存业务是电商企业的主要经济业务,具体细分为采购业务处理和销售业务处理两个部分。其中采购业务处理包括入库、采购发票、采购结算等全过程的处理;销售业务处理包括出库、销售发票、销售结算等全过程处理。根据企业实际业务情况在采购、销售、库存、核算这四个模块中完成购销存日常业务的处理。

任务分析

需要说明的是:2015年12月的全部经济业务见项目一任务九,其中2,5,8,9,17,20,21,22,23,24,26号经济业务在购销存管理系统生成记账凭证,余下经济业务都在总账管理系统生成记账凭证,现仅举例说明部分经济业务在购销存管理系统生成凭证的操作方法。

在完成任务四的基础上,利用用友T3程序完成以下操作:

1. 采购业务日常处理

资料1:12月7日,采购员到重庆Ni休闲装有限公司赊购了250套休闲装,不含税单价300.00元,价税合计87750.00元。商品已经验收入库,已取得增值税发票。(发票号:03827202)

资料2:12月17日,用网银支付重庆Ni休闲装有限公司原欠款50000.00元。

(1)采购入库单处理:包鑫填制,赵懿审核。

(2)采购发票处理:包鑫填制,田晶审核。

(3)付款单处理:胡悦填制。

2. 销售业务日常处理

资料3:12月21日,向重庆景泰有限责任公司销售Ad运动装85套,不含税单价400.00元,增值税税额5780.00元,价税合计39780.00元,并以银行存款垫付快递费650.00元,货款等未收。(发票号:07136503)

资料4:12月24日,收到银行收账通知,重庆景泰有限责任公司货款80000.00元已经入账。

重庆鲸咚电子商务有限责任公司将所购商品加价在电商平台上进行销售,对于此类普通销售业务,付野对重庆鲸咚电子商务有限责任公司的销售业务处理应从以下三个方面进行。

(1)销售发货单及出库单处理:发货单周怡填制,付野审核,赵懿生成并审核出库单。

(2)销售发票处理:周怡填制,付野审核。

(3)收款单处理:胡悦填制。

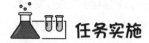 任务实施

一、采购业务日常处理

1.采购入库单处理

(1)以"包鑫"的身份注册进入用友T3主界面,执行"采购"|"采购入库单"命令,进入"采购入库单"窗口。

(2)单击【增加】按钮,根据资料1输入采购入库单内容,如图2-6-1所示。

(3)单击【保存】按钮。

(4)单击【退出】按钮,退出"采购入库单"窗口。

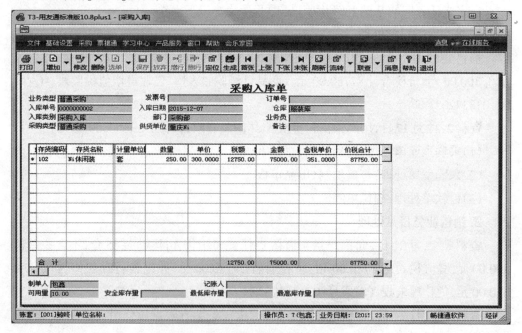

图2-6-1 "采购入库单"窗口

（5）以"赵懿"的身份注册进入用友T3主界面,执行"库存"|"采购入库单"命令,进入"采购入库单审核"窗口。

（6）单击【审核】按钮。

（7）单击【退出】按钮返回。

2.采购发票处理

（1）以"包鑫"的身份进入用友T3主界面,执行"采购"|"采购发票"命令,进入"采购发票"窗口。

（2）单击【增加】按钮旁的下拉箭头,在下拉菜单中选择"专用发票"菜单项,再单击鼠标右键,从弹出的快捷菜单中选择"拷贝入库单"命令,进入"单据拷贝"窗口,输入过滤条件,单击【过滤】按钮,进入"入库单列表"窗口,选择需要参照的入库单,如图2-6-2所示。

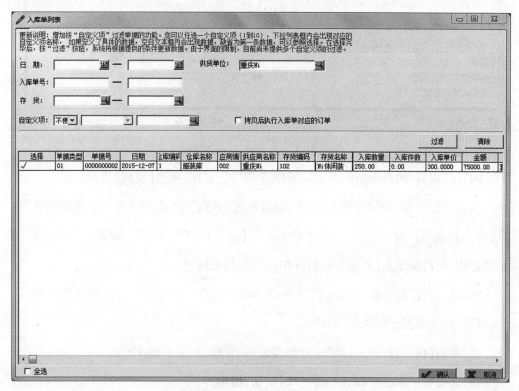

图2-6-2　"入库单列表"窗口

（3）单击【确认】按钮,将采购入库单信息带入采购专用发票,输入发票号"03827202",如图2-6-3所示,单击【保存】按钮,再单击【退出】按钮。

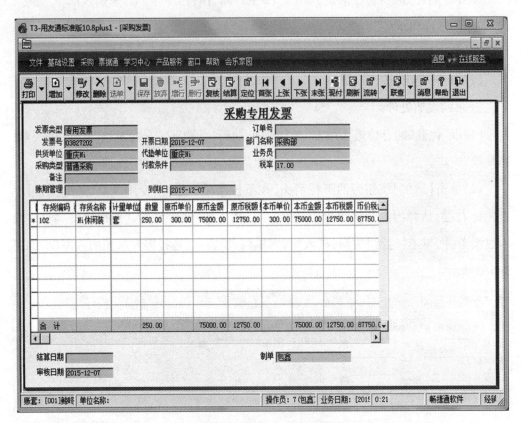

图 2-6-3　录入采购专用发票

(4)以"田晶"的身份对刚填制的采购发票进行审核,单击【复核】按钮。

(5)以"胡悦"的身份在用友 T3 主界面,执行"采购"|"采购结算"|"自动结算"命令,进入自动结算窗口,默认过滤条件并单击【确认】按钮,弹出"采购管理"提示框,提示处理成功,再次单击【确定】按钮,并单击【退出】按钮返回。

(6)以"胡悦"的身份在用友 T3 主界面,执行"核算"|"核算"|"正常单据记账"命令,打开"正常单据记账条件"对话框。

(7)单击【确定】按钮,进入"正常单据记账"窗口,如图 2-6-4 所示。

(8)选择要记账的单据,单击【记账】按钮,退出。

(9)以"胡悦"的身份在用友 T3 主界面,执行"核算"|"凭证"|"购销单据制单"命令,进入"生成凭证"窗口。单击【选择】按钮,打开"查询条件"对话框。

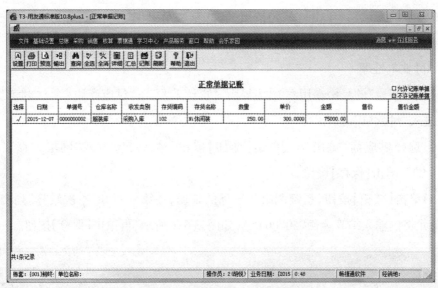

图 2-6-4　"正常单据记账"窗口

（10）选择"采购入库单（报销记账）"，单击【确认】按钮，进入"选择单据"窗口。

（11）单击需要生成凭证的单据前的"选择"栏，然后单击工具栏中的【确定】按钮进入"生成凭证"窗口。

（12）在窗口列表中根据资料1完善凭证内容，单击【生成】按钮，进入"填制凭证"窗口，如图2-6-5所示。

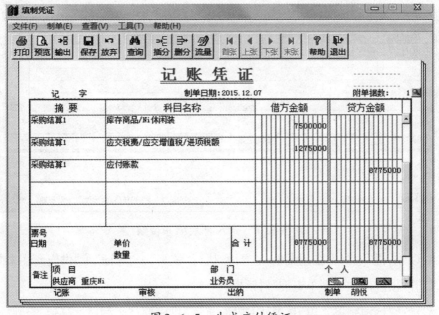

图 2-6-5　生成应付凭证

(13)审核无误后,单击【保存】按钮,凭证左上角出现"已生成"标志,表示凭证已传递到总账系统。

3.付款单处理

(1)以"胡悦"的身份在用友T3主界面,执行"采购"|"供应商往来"|"付款结算"命令,进入"付款单"窗口。

(2)选择供应商"重庆Ni",单击【增加】按钮,输入结算方式"网银结算",金额"50000.00",单击【保存】按钮。

(3)单击【核销】按钮,系统调出要核算的单据,在第一行和"本次结算"列交叉对应的单元格内输入结算金额"50000.00",如图2-6-6所示,再单击【保存】按钮。

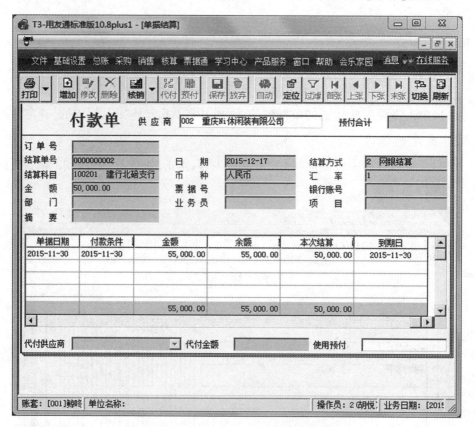

图2-6-6 录入付款单并核销

(4)以"胡悦"的身份在用友T3主界面,执行"核算"|"凭证"|"供应商往来制单"命令,打开"供应商往来制单查询"对话框。

(5)选择"核销制单",单击【确认】按钮,进入"供应商往来制单"窗口。

（6）双击需要制单的单据，再单击【制单】按钮，进入"填制凭证"窗口，根据资料2完善相关凭证信息，如图2-6-7所示。

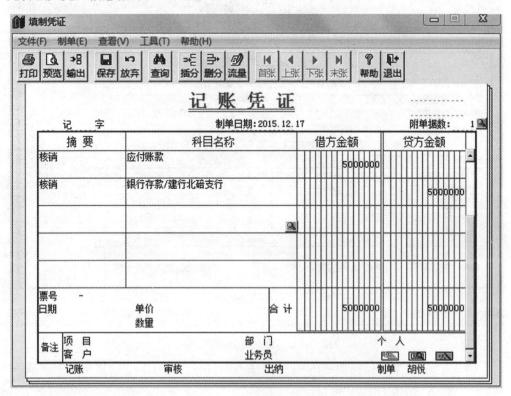

图2-6-7　生成付款凭证

（7）单击【保存】按钮，凭证左上角出现"已生成"标志，表示凭证已传递到总账系统。

二、销售业务日常处理

1. 销售发货单及出库单处理

（1）以"周怡"的身份注册进入用友T3主界面，执行"销售"|"销售发货单"命令，进入"发货单"窗口。

（2）单击【增加】按钮，根据资料3输入相关发货信息。

（3）单击【保存】按钮，再以"付野"的身份对刚生成的发货单进行审核处理，如图2-6-8所示，单击【退出】按钮返回。

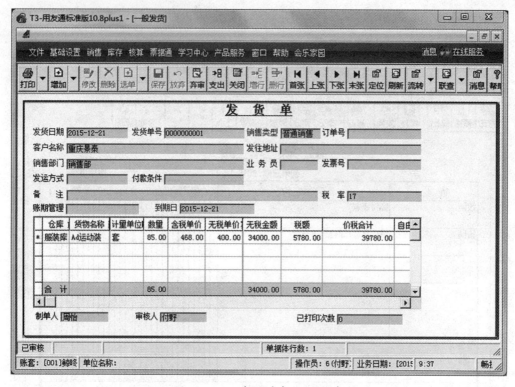

图 2-6-8　填制并审核发货单

（4）以"赵懿"的身份注册进入用友 T3 主界面，执行"库存"|"销售出库单生成/审核"命令，进入"销售出库单"窗口。

（5）单击【生成】按钮，选择参照单据"发货单"，双击选择列表中相应的发货单，并单击【确认】按钮。

（6）单击【审核】按钮，再单击【退出】按钮返回。

（7）以"胡悦"的身份在用友 T3 主界面，执行"核算"|"核算"|"正常单据记账"命令，打开"正常单据记账条件"对话框。

（8）默认筛选条件，单击【确定】按钮，进入"正常单据记账"窗口。单击需要记账的单据前的"选择"栏，出现"√"标记，然后单击工具栏中的【记账】按钮。

（9）系统开始进行单据记账，记账完成后，单据不再在窗口列表中显示，单击【退出】按钮返回。

2.销售发票处理

（1）以"周怡"的身份注册进入用友 T3 主界面，执行"销售"|"销售发票"命令，进入"销售发票"窗口。

（2）单击【增加】按钮，选择"专用发票"，单击【选单】按钮，选择发货单，打开"选择发货单"对话框，单击【显示】按钮，选择要参照的发货单，单击【确认】按钮，将发货单信息带入销售专用发票。

（3）输入发票号"07136503"，单击【保存】按钮。

（4）单击【代垫】按钮，进入"代垫费用单"窗口，单击【增加】按钮，输入费用项目"快递费"、代垫金额"650.00"，录入完成后单击【保存】按钮，接着以付野的身份对该代垫费用单进行审核，审核完成后退出。

（5）在"专用发票"窗口单击【保存】按钮，再单击【复核】按钮，如图2-6-9所示。

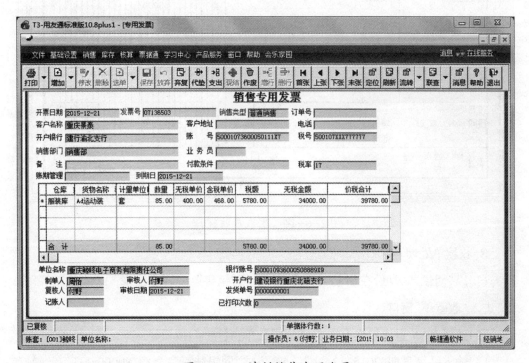

图2-6-9　填制销售专用发票

（6）以"胡悦"的身份在用友T3主界面，执行"核算"|"凭证"|"客户往来制单"命令，打开"制单查询"对话框。

（7）选中"发票制单"及"应收单制单"复选框，单击【确认】按钮，进入"发票、应收单制单"窗口。

（8）单击工具栏中的【全选】按钮，再单击【合并】按钮，窗口中的所有单据则被合并。单击【制单】按钮，弹出"填制凭证"窗口，根据资料3完善凭证并单击【保存】按钮，凭证生成成功并传送到总账系统，如图2-6-10所示。

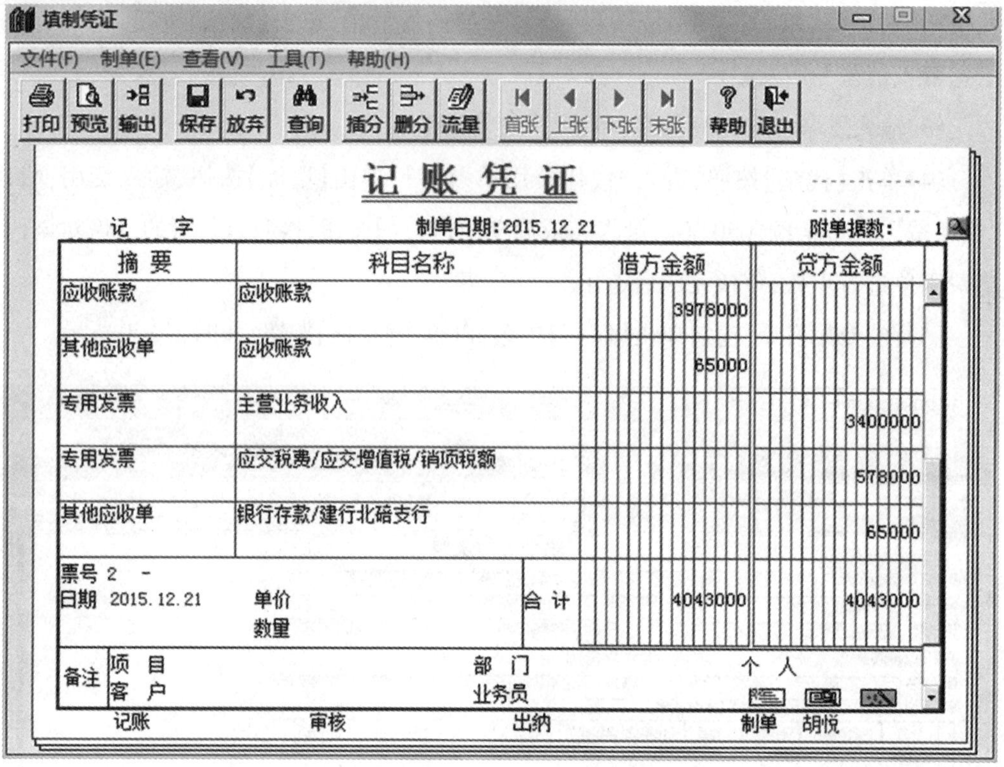

记账凭证

记 字　　制单日期：2015.12.21　　附单据数：1

摘要	科目名称	借方金额	贷方金额
应收账款	应收账款	3978000	
其他应收单	应收账款	65000	
专用发票	主营业务收入		3400000
专用发票	应交税费/应交增值税/销项税额		578000
其他应收单	银行存款/建行北碚支行		65000
票号 2 - 日期 2015.12.21　单价 数量	合计	4043000	4043000

备注　项目　部门　个人
客户　业务员

记账　审核　出纳　制单 胡悦

图2-6-10　生成应收凭证

3. 收款单处理

(1)以“胡悦”的身份在用友T3主界面，执行“销售”|“客户往来”|“收款结算”命令，进入“收款单”窗口。

(2)选择客户“重庆景泰有限责任公司”，单击【增加】按钮。

(3)输入结算日期“2015-12-24”，结算方式“网银结算”，金额“80000.00”。

(4)单击【保存】按钮，再单击【核销】按钮。

(5)在本次结算栏中输入“80000.00”，单击【保存】按钮，如图2-6-11所示。

(6)以“胡悦”的身份执行“核算”|“凭证”|“客户往来制单”命令，打开“制单查询”对话框。

(7)选中“核销制单”复选框，单击【确认】按钮，进入“核销制单”窗口。

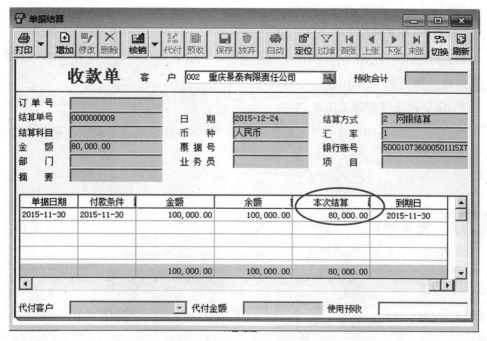

图2-6-11　录入收款单并核销

（8）选中窗口中相应单据，单击【制单】按钮，进入"填制凭证"窗口，根据资料4完善记账凭证并保存，如图2-6-12所示。

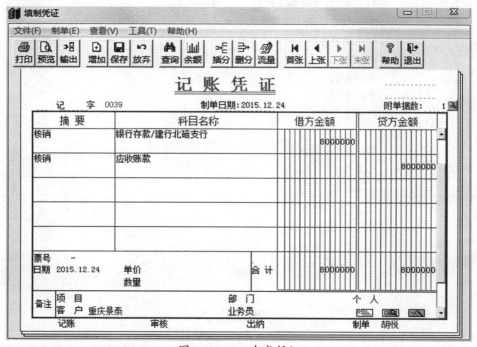

图2-6-12　生成凭证

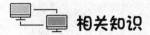 **相关知识**

（1）采购结算有手工结算和自动结算两种方式。可以在填写发票界面即时结算，也可以在结算功能中，集中进行采购结算。

（2）需要修改或删除入库单、采购发票时，需先取消采购结算。

（3）发出存货采用全月一次平均法计价的，在存货核算模块中调出的销售出库单不填单价。

任务评价

表2-6-1　购销存管理系统日常业务处理评价表

评价内容	评价标准	分值	学生自评	老师评估
采购业务日常处理	能正确完成采购入库单处理、采购发票处理、付款单处理	40分		
销售业务日常处理	能正确完成销售发货单处理、销售发票处理、收款单处理	40分		
操作身份无误	采购业务以田晶、包鑫的身份分别完成，销售业务以付野、周怡的身份分别完成。库存业务和核算业务分别由库管和会计完成	5分		
情感评价	安全意识 法制意识 责任意识 自主学习能力 独立思考能力 团结协作能力 吃苦耐劳 心理健康	15分		

学习体会：

任务七　期末业务处理

 任务目标

电算化部分期末业务处理与手工账期末业务处理的流程类似,都有"登记账簿""对账""编制试算平衡表""结账""编制财务报表"等操作步骤。但"手工账务处理"每一操作步骤需要大量的时间和精力,而"电算化账务处理"记账凭证录入后,账簿及报表的数据都是系统自动提取,高效快捷。

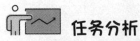 **任务分析**

在完成任务六的基础上,完成以下操作:

(1)购销存系统期末业务处理。

资料1:12月31日结转本月销售成本。

①以"郑苑"的身份注册进入用友T3主界面,分别对采购系统、销售系统、库存系统结账。

②以"付野"的身份注册进入用友T3主界面,对核算系统进行月末处理。

③以"胡悦"的身份注册进入用友T3主界面,在核算系统生成发出存货成本结转凭证。

④以"郑苑"的身份注册进入用友T3主界面执行核算系统月末结账。

(2)总账管理系统期末业务处理。

①以"肖蜀"的身份注册进入用友T3主界面,进行出纳签字。

②以"郑苑"的身份注册进入用友T3主界面,进行凭证审核。

③以"郑苑"的身份注册进入用友T3主界面,进行凭证记账。

④生成期间损益结转凭证并审核、记账。

资料2:12月31日结转本月所有损益类科目。

⑤以"郑苑"的身份注册进入用友T3主界面,进行对账。

⑥以"郑苑"的身份注册进入用友T3主界面,进行结账。

(3)财务报表系统期末业务处理。

(4)账套备份。

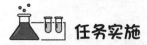

一、购销存系统期末业务处理

1.采购系统、销售系统、库存系统结账

(1)以"郑苑"的身份注册进入用友 T3 主界面,执行"采购"|"月末结账"命令,进入"月末结账"窗口。

(2)选择要结账的月份,单击【结账】按钮。如图 2-7-1 所示。

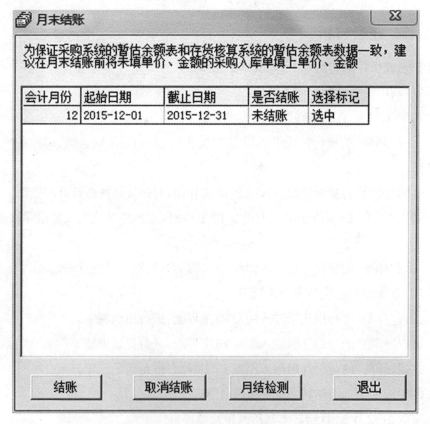

图 2-7-1 采购系统月末结账

(3)执行"销售"|"月末结账"命令,进行销售系统月末结账,如图 2-7-2 所示。

图 2-7-2 销售系统月末结账

（4）执行"库存" | "月末结账"命令，进行库存系统月末结账，如图2-7-3所示。

会计月份	起始日期	结束日期	已经结账
1	2015-01-01	2015-01-31	是
2	2015-02-01	2015-02-28	是
3	2015-03-01	2015-03-31	是
4	2015-04-01	2015-04-30	是
5	2015-05-01	2015-05-31	是
6	2015-06-01	2015-06-30	是
7	2015-07-01	2015-07-31	是
8	2015-08-01	2015-08-31	是
9	2015-09-01	2015-09-30	是
10	2015-10-01	2015-10-31	是
11	2015-11-01	2015-11-30	是
12	2015-12-01	2015-12-31	否

图 2-7-3 库存系统月末结账

2. 核算系统月末处理

（1）以"付野"的身份注册进入用友T3主界面，执行"核算" | "月末处理"命令，进入"期末处理"窗口，如图2-7-4所示。

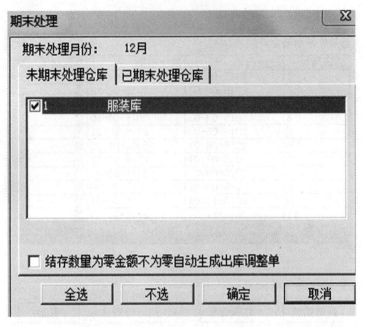

图2-7-4 核算系统期末处理

(2)选择"服装库",并单击【确定】按钮,进入"成本计算表"窗口,如图2-7-5所示。

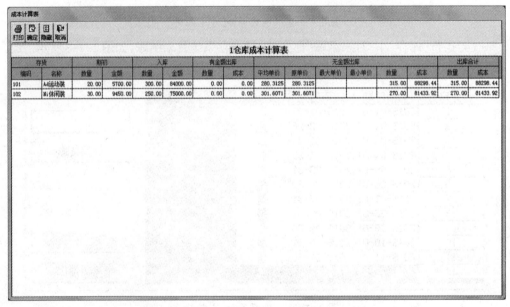

图2-7-5 服装库成本计算表

(3)系统自动计算发出服装的平均单位成本,单击【确定】按钮,月末处理完毕退出窗口。

3.生成发出存货成本结转凭证

(1)以"胡悦"的身份进入用友T3主界面,执行"核算"｜"凭证"｜"购销单据制单"命令,进入"生成凭证"窗口。

(2)单击【选择】按钮,打开"查询条件"对话框。

(3)选择"销售出库单",单击【确认】按钮,进入"选择单据"窗口。

(4)单击工具栏中的【全选】按钮,然后单击工具栏中的【确定】按钮,进入"生成凭证"窗口。

(5)单击【合成】按钮,进入"填制凭证"窗口,根据资料1完善凭证,如图2-7-6所示。

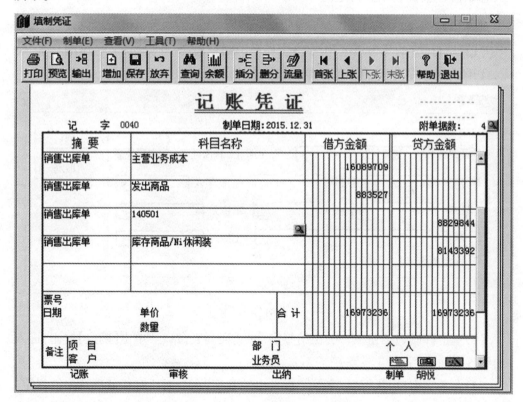

图2-7-6　发出存货成本结转凭证

(6)确认无误后单击工具栏中的【保存】按钮,凭证左上角显示"已生成"红字标记。

4.核算系统月末结账

以"郑苑"的身份进入用友T3主界面,执行"核算"｜"月末结账"命令,进行核算系统月末结账,如图2-7-7所示。

图2-7-7　核算系统月末结账

二、总账管理系统期末业务处理

1. 出纳签字

(1)以"肖蜀"的身份进入用友T3主界面,执行"总账"|"凭证"|"出纳签字"命令,打开"出纳签字"查询条件对话框。输入查询条件,如图2-7-8所示。

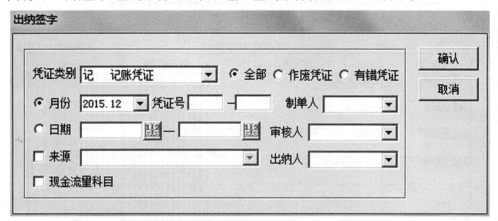

图2-7-8　"出纳签字"查询条件框

(2)单击【确认】按钮,进入"出纳签字"的凭证列表窗口。单击【确定】按钮,进入"出纳签字"的签字窗口。

(3)在签字窗口,执行"签字"|"成批出纳签字"命令对所有凭证进行出纳签字,系统自动签字完成后,凭证底部的"出纳"处将自动签上出纳人姓名,最后单击【退出】按钮。

2. 凭证审核

(1)以"郑苑"的身份进入用友T3主界面,执行"总账"|"凭证"|"审核凭证"命令,打开"凭证审核"查询条件对话框。

(2)输入查询条件,单击【确认】按钮,进入"凭证审核"的凭证列表窗口。

(3)单击【确定】按钮,进入"凭证审核"的审核凭证窗口。

(4)在审核凭证窗口,执行"审核"|"成批审核凭证"命令对所有凭证进行审核,系统自动审核完成后,凭证底部的"审核"处将自动签上审核人姓名,最后单击【退出】按钮。

3.凭证记账

(1)以"郑苑"的身份注册进入用友T3主界面,执行"总账"|"凭证"|"记账"命令,进入"记账"对话框。

(2)第一步选择要进行记账的凭证范围,直接单击【全选】按钮,选择所有凭证,单击【下一步】按钮。

(3)第二步显示记账报告。如果需要打印记账报告,可单击【打印】按钮,如果不打印记账报告,则直接单击【下一步】按钮。

(4)第三步记账,单击【记账】按钮,打开"期初试算平衡表"对话框,单击【确认】按钮,系统开始登录有关总账和明细账、辅助账。登记完后,弹出"记账完毕"信息提示框。

(5)单击【确定】按钮,记账完毕。

4.生成期间损益结转凭证并审核、记账

(1)以"胡悦"的身份注册进入用友T3主界面,执行"总账"|"期末"|"转账定义"|"期间损益"命令,进入"期间损益结转设置"窗口。

(2)选择本年利润科目"4103",单击【确定】按钮。

(3)以"胡悦"的身份在用友T3主界面,执行"总账"|"期末"|"转账生成"命令,进入"转账生成"窗口。

(4)选中"期间损益结转"单选按钮。

(5)单击【全选】按钮,再单击【确定】按钮,生成记账凭证。

(6)单击【保存】按钮,系统自动将当前凭证追加到未记账凭证中。

(7)以"郑苑"的身份将生成的自动转账凭证审核、记账。

5.对账

(1)以"郑苑"的身份注册进入用友T3主界面,执行"总账"|"期末"|"对账"命令,进入"对账"窗口。

(2)将光标定位在要进行对账的月份"2015.12",单击【选择】按钮。

(3)单击【对账】按钮,开始自动对账,并显示对账结果。

(4)单击【试算】按钮,弹出"2015.12试算平衡表",显示试算结果平衡,若试算结果不平衡则总账系统不能结账。

6.结账

(1)以"郑苑"的身份进入用友T3主界面,执行"总账"|"期末"|"结账"命令,进入"结账"窗口。

(2)选择要结账的月份,单击【下一步】按钮。

(3)单击【对账】按钮,系统对要结账的月份进行账账核对。

(4)单击【下一步】按钮,系统显示"2015年12月工作报告"。

(5)查看工作报告后,单击【下一步】按钮,再单击【结账】按钮,若符合结账要求,系统将进行结账,否则不予结转。

三、财务报表系统期末业务处理

(1)以"郑苑"的身份登录财务报表系统,执行"文件"|"新建"命令,进入"新建"窗口。

(2)选择"一般企业(小企业会计核算制度)"模版,鼠标单击选中"资产负债表",再单击【确定】按钮,打开"资产负债表"模版。

(3)在数据状态下,执行"数据"|"关键字"|"录入"命令,打开"录入关键字"对话框。

(4)输入关键字,年"2015",月"12",日"31"。如图2-7-9所示。

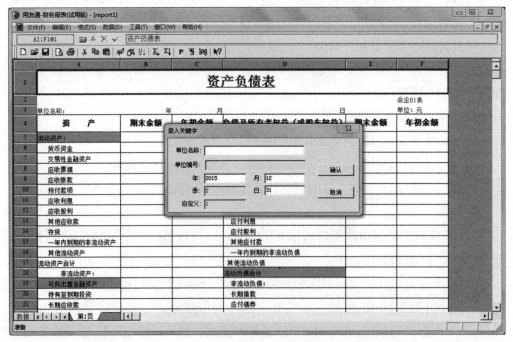

图 2-7-9 录入关键字

（5）单击【确认】按钮,弹出"是否重算第1页?"提示框。

（6）单击【是】按钮,系统会自动根据单元公式生成12月资产负债表。

（7）单击工具栏中的【保存】按钮,将生成的报表数据保存。

（8）利润表的生成同理,在此不再赘述。

四、账套备份

（1）以系统管理员"admin"的身份进入系统管理程序,执行"账套"|"备份"命令,打开"账套输出"对话框,如图2-7-10所示。

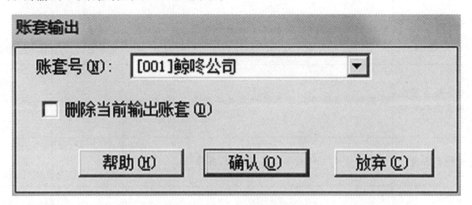

图2-7-10　"账套输出"对话框

（2）从"账套号"下拉列表中选择要输出的账套,单击【确认】按钮。

（3）系统对所要输出的账套数据进行压缩处理完成后,弹出"选择备份目标"对话框,自行确定账套备份存放的路径后,单击【确认】按钮,系统弹出提示"硬盘备份完毕!",单击【确定】按钮。

💻 相关知识

（1）涉及指定为现金科目和银行科目的凭证才需出纳签字。

（2）在自动生成期间损益结转凭证之前,应对所有未记账凭证进行审核、记账。

（3）若其他子系统未全部结账,则总账管理系统本月不能结账,结账前要注意进行账套备份。

（4）可将生成的报表保存到指定位置,方便查看。

任务评价

表2-7-1　期末业务处理评价表

评价内容	评价标准	分值	学生自评	老师评估
购销存管理系统期末业务处理	能正确完成购销存管理系统期末业务处理	30分		
总账管理系统期末业务处理	能正确完成总账管理系统期末业务处理	30分		
财务报表系统期末业务处理	能正确完成财务报表系统期末业务处理	20分		
账套备份	能正确完成"001鲸咚公司"账套的备份	5分		
情感评价	安全意识 法制意识 责任意识 自主学习能力 独立思考能力 团结协作能力 吃苦耐劳 心理健康	15分		

学习体会：

附录一 企业相关信息及期初数据

一、工商、税务登记及开户等相关信息

重庆鲸咚电子商务有限责任公司是经工商行政管理部门批准注册成立的有限责任公司,经营范围:批发、零售 Ad 运动装及 Ni 休闲装,产品内销。该企业为增值税一般纳税人,企业增值税率为17%。注册资本80万元,其中张三出资50万元,王一出资30万元。该企业注册地址为重庆市北碚区同兴北路116-2号,电话023-888899X9,开户银行为中国建设银行重庆北碚支行,账号50001093600050888 9X9,税号500109203X88999,法人代表张三,财务负责人郑苑,会计胡悦,出纳肖蜀。

二、企业组织架构

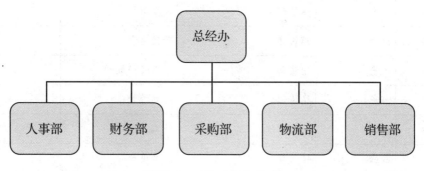

附图 1-1　企业组织架构

附表1-1 职员分布情况表

序号	姓名	部门	岗位	备注
1	张三	总经办	总经理	
2	王一	总经办	副总经理	
3	郑苑	财务部	财务部经理	
4	胡悦	财务部	会计	
5	肖蜀	财务部	出纳	
6	钟强	人事部	人事部主管	
7	刘杰	物流部	物流部主管	
8	赵懿	物流部	库管	
9	田晶	采购部	采购部主管	
10	包鑫	采购部	采购员	
11	龙东	销售部	客服主管	
12	周怡	销售部	销售人员	
13	程梅	销售部	搬运工	
14	谢吉	销售部	叉车司机	
15	付野	销售部	营销主管	
16	高隐	销售部	市场营销策划	
17	何密	销售部	网站维护	
18	马辉	销售部	美工、摄像	
19	吕兰	销售部	网页设计	

三、企业会计核算制度及核算办法

（1）本公司采用小企业会计核算制度。

（2）本公司采用权责发生制进行账务处理。

（3）本公司以人民币为记账本位币。

（4）本公司会计年度自公历1月1日至12月31日。

（5）本公司根据《中华人民共和国会计法》和《企业会计准则》逐级设置会计科目。

（6）本公司采用通用记账凭证记账，按月打印装订成册，并按1月至12月的顺序编号归档。

（7）本公司采用借贷记账法。

（8）本公司账务处理流程：会计根据审核无误的原始凭证填制记账凭证—财务部经理审核记账凭证—会计根据审核后的记账凭证登记明细账和T型账—会计根据T型账编制科目汇总表—会计根据科目汇总表登记总分类账—财务经理根据总账编制会计报表。

（9）本公司库存现金限额：20000.00元。

（10）本公司库存商品成本采用品种法核算，发出商品按实际成本计价，单价按全月一次加权平均成本计算，商品的销售成本于月末时填制"商品销售成本计算表"一次结转。

（11）本公司缴纳税种及比例如下：

增值税：税率17%。

城市维护建设税：计税依据为每期应交增值税税额，税率为7%。

教育费附加：计税依据为每期应交增值税税额，税率为3%。

地方教育费附加：计税依据为每期应交增值税税额，税率为2%。

印花税：一是按营业账簿、权利许可证照等应税凭证文件为依据核算，建立账簿时每本5.00元（新增实收资本除外）。二是每季末核定征收，按（当季销售收入金额×100%+当季库存商品采购金额×70%）×0.03%公式计算。

企业所得税：按本季应纳税所得额计算，税率为25%。

四、企业期初数据相关表格

附表 1-2　固定资产明细表

时间：2015 年 11 月　　　　　　　　　　　净残值率：3%　　　　　折旧方法：年限平均法　　　　　单位：元

编号	名称	使用部门	入账日期	单位	数量	原币单价	金额	使用年限	预计净残值	月折旧率	月折旧额	已提折旧	已使用月份	净值
1	房屋（办公楼）	管理部门	2013 年 12 月	套	1	600000.00	600000.00	20	18000.00	0.40%	2425.00	55775.00	23	544225.00
2	小汽车（宝马）	管理部门	2013 年 12 月	辆	1	400000.00	400000.00	4	12000.00	2.02%	8083.33	185916.67	23	214083.33
3	面包车（长安）	销售部门	2013 年 12 月	辆	1	80000.00	80000.00	4	2400.00	2.02%	1616.67	37183.33	23	42816.67
4	HP 电脑	管理部门	2013 年 12 月	台	5	4500.00	22500.00	5	675.00	1.62%	363.75	8366.25	23	14133.75
5	HP 打印机	管理部门	2013 年 12 月	台	5	2000.00	10000.00	5	300.00	1.62%	161.67	3718.33	23	6281.67
6	海尔空调	管理部门	2013 年 12 月	台	4	4000.00	16000.00	5	480.00	1.62%	258.67	5949.33	23	10050.67
	合计						1128500.00		33855.00		12909.09	296908.91		831591.09

附表1-3　2015年11月总账及明细账账户余额表

单位:元

总账科目	明 细 科 目	借方余额	贷方余额	应设置账簿
库存现金		20000.00		总账及现金日记账
银行存款	建行北碚支行	325600.68		总账及银行日记账
应收账款		205600.00		总账
	重庆双锐有限责任公司	27600.00		三栏式明细账
	重庆景泰有限责任公司	100000.00		三栏式明细账
	重庆美镁有限责任公司	78000.00		三栏式明细账
其他应收款		12000.00		总账
	张三	4000.00		三栏式明细账
	钟强	8000.00		三栏式明细账
库存商品		15150.00		总账
	Ad运动装(数量20套)	5700.00		数量单价金额式账
	Ni休闲装(数量30套)	9450.00		数量单价金额式账
固定资产	详见固定资产明细表	1128500.00		总账及固定资产明细账
累计折旧			296908.91	总账及固定资产明细账
短期借款	建行北碚支行		200000.00	总账及三栏式明细账
应付账款			123000.00	总账
	重庆Ad运动装有限公司		68000.00	三栏式明细账
	重庆Ni休闲装有限公司		55000.00	三栏式明细账
应付职工薪酬			26301.92	总账及三栏式明细账
应交税费			8792.29	总账
	应交增值税(未交增值税)		7850.25	应交增值税明细账
	应交城建税		549.52	三栏式明细账
	应交教育费附加		235.51	三栏式明细账
	应交地方教育费附加		157.01	三栏式明细账
其他应付款			49230.00	总账
	重庆鲜美餐饮公司		23000.00	三栏式明细账
	重庆市电力公司		1600.00	三栏式明细账

续表

总账科目	明 细 科 目	借方余额	贷方余额	应设置账簿
	重庆市自来水有限公司		630.00	三栏式明细账
	重庆中宗快递公司		24000.00	三栏式明细账
应付利息	建行利息		3000.00	总账及三栏式明细账
实收资本			800000.00	总账
	张三		500000.00	三栏式明细账
	王一		300000.00	三栏式明细账
本年利润			137508.36	总账及三栏式明细账
利润分配			62109.20	总账
	未分配利润		62109.20	三栏式明细账
合计		1706850.68	1706850.68	

附表1-4　2015年10月-11月累计利润表

单位:元

项目	本期发生额	10月-11月累计发生额
一、营业收入		827697.24
减:营业成本		372463.82
营业税金及附加		2025.98
销售费用		24205.39
管理费用		310068.14
财务费用		1145.65
资产减值损失		
加:公允价值变动收益(损失以"－"号填列)		
投资收益(损失以"－"号填列)		
其中:对联营企业和合营企业的投资收益		
二、营业利润(亏损以"－"号填列)		117788.26
加:营业外收入		5701.37
减:营业外支出		2100.52
其中:非流动资产处置损失		
三、利润总额(亏损以"－"号填列)		121389.11
减:所得税费用		
四、净利润(净亏损以"－"号填列)		121389.11

附表1-5　重庆鲸唉电子商务有限责任公司社会保险计算表

单位:元

姓名	部门	应发工资	缴费基数	养老保险		医疗		失业保险		住房公积金		工伤	生育	单位缴费合计	个人代扣合计
				单位20%	个人8%	单位9.5%	个人2%+4	单位1%	个人1%	单位12%	个人12%	单位0.5%	单位0.5%		
张三	总经办	20000.00	14213.00	2842.60	1137.04	1350.24	288.26	142.13	142.13	1705.56	1705.56	71.07	71.07	6182.66	3272.99
王一	总经办	15000.00	14213.00	2842.60	1137.04	1350.24	288.26	142.13	142.13	1705.56	1705.56	71.07	71.07	6182.66	3272.99
郑苑	财务部	5000.00	5000.00	1000.00	400.00	475.00	104.00	50.00	50.00	600.00	600.00	25.00	25.00	2175.00	1154.00
胡况	财务部	4000.00	4000.00	800.00	320.00	380.00	84.00	40.00	40.00	480.00	480.00	20.00	20.00	1740.00	924.00
肖蜀	财务部	3500.00	3500.00	700.00	280.00	332.50	74.00	35.00	35.00	420.00	420.00	17.50	17.50	1522.50	809.00
钟强	人事部	3500.00	3500.00	700.00	280.00	332.50	74.00	35.00	35.00	420.00	420.00	17.50	17.50	1522.50	809.00
刘杰	物流部	5000.00	5000.00	1000.00	400.00	475.00	104.00	50.00	50.00	600.00	600.00	25.00	25.00	2175.00	1154.00
赵懿	物流部	3000.00	3000.00	600.00	240.00	285.00	64.00	30.00	30.00	360.00	360.00	15.00	15.00	1305.00	694.00
田晶	采购部	5000.00	5000.00	1000.00	400.00	475.00	104.00	50.00	50.00	600.00	600.00	25.00	25.00	2175.00	1154.00
包鑫	采购部	3500.00	3500.00	700.00	280.00	332.50	74.00	35.00	35.00	420.00	420.00	17.50	17.50	1522.50	809.00
小计		67500.00	60926.00	12185.20	4874.08	5787.97	1258.52	609.26	609.26	7311.12	7311.12	304.63	304.63	26502.81	14052.98
龙东	销售部	5000.00	5000.00	1000.00	400.00	475.00	104.00	50.00	50.00	600.00	600.00	25.00	25.00	2175.00	1154.00
周怡	销售部	3500.00	3500.00	700.00	280.00	332.50	74.00	35.00	35.00	420.00	420.00	17.50	17.50	1522.50	809.00
程梅	销售部	2000.00	2843.00	568.60	227.44	270.09	60.86	28.43	28.43	341.16	341.16	14.22	14.22	1236.71	657.89
谢吉	销售部	4000.00	4000.00	800.00	320.00	380.00	84.00	40.00	40.00	480.00	480.00	20.00	20.00	1740.00	924.00

续表

姓名	部门	应发工资	缴费基数	养老保险		医疗		失业保险		住房公积金		工伤	生育	单位缴费合计	个人代扣合计
				单位20%	个人8%	单位9.5%	个人2%+4	单位1%	个人1%	单位12%	个人12%	单位0.5%	单位0.5%		
付野	销售部	5000.00	5000.00	1000.00	400.00	475.00	104.00	50.00	50.00	600.00	600.00	25.00	25.00	2175.00	1154.00
高隐	销售部	5000.00	5000.00	1000.00	400.00	475.00	104.00	50.00	50.00	600.00	600.00	25.00	25.00	2175.00	1154.00
何密	销售部	4000.00	4000.00	800.00	320.00	380.00	84.00	40.00	40.00	480.00	480.00	20.00	20.00	1740.00	924.00
马辉	销售部	4000.00	4000.00	800.00	320.00	380.00	84.00	40.00	40.00	480.00	480.00	20.00	20.00	1740.00	924.00
吕兰	销售部	4000.00	4000.00	800.00	320.00	380.00	84.00	40.00	40.00	480.00	480.00	20.00	20.00	1740.00	924.00
小计		36500.00	37343.00	7468.60	2987.44	3547.59	782.86	373.43	373.43	4481.16	4481.16	186.72	186.72	16244.21	8624.89
合计		104000.00	98269.00	19653.80	7861.52	9335.56	2041.38	982.69	982.69	11792.28	11792.28	491.35	491.35	42747.02	22677.87

备注:2014年年平均工资56852.00元(4738.00元/月),2015年社保为2843.00～14213.00元(60%～300%),社保缴纳基数低于2843.00元的人员按照2843.00元计算补收差额。

附表 1-6　重庆鲸咚电子商务有限责任公司 2015 年 12 月工资发放表

单位：元

姓名	部门	应发工资	代扣款项							实发工资
			养老保险	医疗保险	失业保险	住房公积金	个人所得税	小计		
张三	总经办	20000.00	1137.04	288.26	142.13	1705.56	2301.75	5574.74		14425.26
王一	总经办	15000.00	1137.04	288.26	142.13	1705.56	1090.40	4363.39		10636.61
郑苑	财务部	5000.00	400.00	104.00	50.00	600.00	10.38	1164.38		3835.62
胡悦	财务部	4000.00	320.00	84.00	40.00	480.00	0.00	924.00		3076.00
肖蜀	财务部	3500.00	280.00	74.00	35.00	420.00	0.00	809.00		2691.00
钟强	人事部	3500.00	280.00	74.00	35.00	420.00	0.00	809.00		2691.00
刘杰	物流部	5000.00	400.00	104.00	50.00	600.00	10.38	1164.38		3835.62
赵懿	物流部	3000.00	240.00	64.00	30.00	360.00	0.00	694.00		2306.00
田晶	采购部	5000.00	400.00	104.00	50.00	600.00	10.38	1164.38		3835.62
包鑫	采购部	3500.00	280.00	74.00	35.00	420.00	0.00	809.00		2691.00
小计		67500.00	4874.08	1258.52	609.26	7311.12	3423.29	17476.27		50023.73
龙东	销售部	5000.00	400.00	104.00	50.00	600.00	10.38	1164.38		3835.62
周怡	销售部	3500.00	280.00	74.00	35.00	420.00	0.00	809.00		2691.00
程梅	销售部	2000.00	227.44	60.86	28.43	341.16	0.00	657.89		1342.11

续表

姓名	部门	应发工资	代扣款项							实发工资
			养老保险	医疗保险	失业保险	住房公积金	个人所得税	小计		
谢吉	销售部	4000.00	320.00	84.00	40.00	480.00	0.00	924.00		3076.00
付野	销售部	5000.00	400.00	104.00	50.00	600.00	10.38	1164.38		3835.62
高隐	销售部	5000.00	400.00	104.00	50.00	600.00	10.38	1164.38		3835.62
何密	销售部	4000.00	320.00	84.00	40.00	480.00	0.00	924.00		3076.00
马辉	销售部	4000.00	320.00	84.00	40.00	480.00	0.00	924.00		3076.00
吕兰	销售部	4000.00	320.00	84.00	40.00	480.00	0.00	924.00		3076.00
小计		36500.00	2987.44	782.86	373.43	4481.16	31.14	8656.03		27843.97
合计		104000.00	7861.52	2041.38	982.69	11792.28	3454.43	26132.30		77867.70

附表1-7 本公司人员分工表

序号	姓名	岗位	工作内容	备注
1	郑苑	财务部经理	电算化系统管理员,并负责记账凭证的审核、财务报表的编制	
2	胡悦	会计	审核原始凭证、填制记账凭证;登记明细账、T型账、总账等	
3	肖蜀	出纳	负责货币资金结算,登记现金日记账及银行存款日记账	
4	刘杰	物流部主管	负责商品收发的调度	
5	赵懿	库管	审核出、入库单据,办理出入库手续	
6	田晶	采购部主管	负责审核采购订单及采购合同的签订	
7	包鑫	采购员	录入采购订单、填制采购入库单	
8	周怡	销售人员	录入销售订单、填制销售出库单	
9	付野	营销主管	负责审核销售订单及销售合同的签订	

附录二 企业经济业务对应原始凭证①

1-1

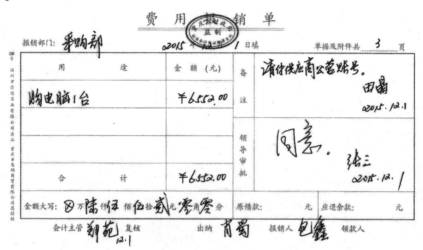

费用报销单

报销部门：采购部　　2015年12月1日填　　单据及附件共 3 页

用　　　　途	金额（元）	备注
购电脑1台	￥6552.00	请付供应商公司基账号。田晶 2015.12.1
		领导审批 同意。张三 2015.12.1
合　计	￥6552.00	

金额大写：☒万陆仟伍佰伍拾贰元零角零分　原借款：　元　应退余款：　元

会计主管 郑苑12.1　复核　　出纳 肖蜀　报销人 包鑫　领款人

1-2

5000114141　　　重庆增值税专用发票（模拟）　　　№ 01817380

发票联（模拟）

开票日期：2015年12月01日

购货单位	名　　　　称：重庆鲸咚电子商务有限责任公司 纳税人识别号：500109203X88999 地址、　电话：重庆市北碚区同兴北路116-2号 023-888899X9 开户行及账号：中国建设银行重庆北碚支行5000109360005088889X9				密码区	**8〉/*9*01〉22+ **8〉/7*01〉33*+ **8〉/*9*01〉22*+ **8〉/*0*01〉11*+	
货物或应税劳务名称	规格型号	单位	数量	单价	金额	税率	税额
电脑	HR704	台	1	5600.00	5600.00	17%	952.00
合计					￥5600.00		￥952.00
价税合计（大写）	⊕陆仟伍佰伍拾贰元整				（小写）￥6552.00		
销货单位	名　　　　称：重庆惠仁有限公司 纳税人识别号：500109XXX111112 地址、　电话：重庆市北碚区东路5号 023-699999X1 开户行及账号：中国建设银行重庆北碚支行5000109360005022221X1				备注		

收款人：　　　复核：　　　开票人：XXX　　　销货单位：（章）

第三联：发票联 购买方记账凭证

国税函〔2011〕313号西安印钞有限公司

---

① 附录二企业经济业务对应原始凭证为项目一任务九各题对应的原始凭证。

1-3

5000114141

重庆增值税专用发票(模拟)

N⍛ 01817380

开票日期:2015 年 12 月 01 日

购货单位	名　　称:重庆鲸咚电子商务有限责任公司 纳税人识别号:500109203X88999 地址、　电话:重庆市北碚区同兴北路 116-2 号 023-888899X9 开户行及账号:中国建设银行重庆北碚支行5000109360005088889X9	密码区	**8〉/*9*01〉22+ **8〉/*7*01〉33*+ **8〉/*9*01〉22*+ **8〉/*0*01〉11*+

货物或应税劳务名称	规格型号	单位	数量	单价	金额	税率	税额
电脑	HR704	台	1	5600.00	5600.00	17%	952.00
合　计					￥5600.00		￥952.00

价税合计(大写)	⊕陆仟伍佰伍拾贰元整	(小写)￥6552.00

销货单位	名　　称:重庆惠仁有限公司 纳税人识别号:500109XXX111112 地址、　电话:重庆市北碚区东路 5 号 023-699999X1 开户行及账号:中国建设银行重庆北碚支行5000109360005022222X1	备注

收款人:　　　　　复核:　　　　　开票人:XXX　　　　　销货单位:(章)

第二联:抵扣联　购买方扣税凭证

1-4

入 库 单

供货单位:重庆惠仁有限公司　　　　　　　　2015 年 12 月 01 日

编号	种类	产品名称	型号	规格	入库数量	单位	单价	成本金额								
								百	十	万	千	百	十	元	角	分
1	资产	电脑	HR704		1	台	5600.00				5	6	0	0	0	0
合计:⊕佰⊕拾⊕万伍仟陆佰零拾零元零角零分							￥				5	6	0	0	0	0

负责人:　　　　记账:胡悦　　　　收货:赵懿　　　　填单:包鑫

三 财务记账联

1-5

中国建设银行客户专用回单

转账日期：2015 年 12 月 01 日　　　　　　　凭证字号：201512013011201

支付交易序号：47173361　　包发起清算行行号：115653007002　　交易种类：BEPS 贷记

接收行名称：中国建设银行重庆北碚支行

收款人账号：500010936000502222X1

收款人名称：重庆惠仁有限公司

发起行名称：中国建设银行重庆北碚支行

汇款人账号：500010936000508889X9

汇款人名称：重庆鲸咚电子商务有限责任公司

货币符号、金额：CNY6,552.00

大写金额：人民币陆仟伍佰伍拾贰元整

附言：货款

第1次打印　　　　　　　　　　　　　　　　打印日期：20151201

作付款回单（无银行办讫章无效）　　　　复核　　　　记账

2-1

中国建设银行客户专用回单

转账日期：2015 年 12 月 02 日　　　　　　　凭证字号：201512023011202

支付交易序号：47173362　　包发起清算行行号：115653007002　　交易种类：BEPS 贷记

接收行名称：中国建设银行重庆北碚支行

收款人账号：500010936000508889X9

收款人名称：重庆鲸咚电子商务有限责任公司

发起行名称：中国建设银行重庆渝北支行

汇款人账号：50001093600050333XX2

汇款人名称：重庆双锐有限责任公司

货币符号、金额：CNY27,600.00

大写金额：人民币贰万柒仟陆佰元整

附言：货款

第1次打印　　　　　　　　　　　　　　　　打印日期：20151202

作收款回单（无银行办讫章无效）　　　　复核　　　　记账

3-1

中国建设银行汇票申请书（贷方凭证）

3

第 号

申请日期：2015 年 12 月 03 日

申请人	重庆鲸咚电子商务有限责任公司	收款人	重庆 Ad 运动装有限公司										
账 号 或住址	中国建设银行重庆北碚支行 500010936000508889X9	账 号 或住址	中国建设银行重庆北碚支行 500010936000505555X5										
用 途	货款	代 理 付款行	中国建设银行重庆北碚支行										
汇票金额	人民币 (大写)玖万捌仟贰佰捌拾元整			千	百	十	万	千	百	十	元	角	分
						¥9	8	2	8	0	0	0
备 注		科目(贷) 对方科目(借) 转账日期　　　　年　月　日 复核　　　　记账　　　　出纳											

3-2

中国建设银行客户专用回单

转账日期：2015 年 12 月 03 日　　　　　　　　凭证字号：201512033011203

支付交易序号：47173363　　包发起清算行行号：115653007002　　交易种类：BEPS 贷记

接收行名称：中国建设银行重庆北碚支行

收款人账号：5000109360005055X5

收款人名称：重庆 Ad 运动装有限公司

发起行名称：中国建设银行重庆北碚支行

汇款人账号：500010936000508889X9

汇款人名称：重庆鲸咚电子商务有限责任公司

货币符号、金额：CNY98,280.00

大写金额：人民币玖万捌仟贰佰捌拾元整

附言：货款

第1次打印

打印日期：20151203

作收款回单(无银行办讫章无效)　　　　　复核　　　　记账

4-1

付款申请单

2015 年 12 月 04 日

领用部门	人事部		预支金额	￥24000.00	
领用人	钟强	付款归属行	建行	付款方式	网银
用途 付重庆中宗快递公司快递费 （限额　　　元）					
单位负责人签章	张三		财务部门领导 签章	郑苑	
审核	王一		备注：		

主办会计(审核)：胡悦　　　　　　　　　　　　　　出纳：肖蜀

4-2

中国建设银行客户专用回单

转账日期：2015 年 12 月 04 日　　　　　　　　凭证字号：201512043011204

支付交易序号：48173364　　包发起清算行行号：115653007002　　交易种类：BEPS 贷记

接收行名称：中国建设银行重庆北碚支行

收款人账号：50001093600050333XX1

收款人名称：重庆中宗快递公司

发起行名称：中国建设银行重庆北碚支行

汇款人账号：5000109360000508889X9

汇款人名称：重庆鲸咚电子商务有限责任公司

货币符号、金额：CNY24,000.00

大写金额：人民币贰万肆仟元整

附言：快递费

第 1 次打印　　　　　　　　　　　　　　　　打印日期：20151204

作收款回单(无银行办讫章无效)　　　　　复核　　　　记账

5-1

中国建设银行

银行汇票　2

$\dfrac{CQ}{01}$ 71001533

第　号

付款期限 壹个月		

（大写）　贰零壹伍年壹拾贰月零伍日　　　代理付款行：建行北碚支行　　　行号：115653007001

收款人：重庆Ad运动装有限公司　　　账号：5000109360005055555X5

出票金额	人民币 （大写）玖万捌仟贰佰捌拾元整										
实际结算金额	人民币 （大写）玖万捌仟贰佰捌拾元整	千	百	十	万	千	百	十	元	角	分
				￥	9	8	2	8	0	0	0

申请人：重庆鲸咚电子商务有限责任公司　　　账号或住址：5000109360005088889X9

出票行：建行北碚支行　　　行号：

备　注：

凭票付款

多余金额										科目（借） 对方科目（贷）
千	百	十	万	千	百	十	元	角	分	兑付日期　年　月　日

出票行签章　　　　　　　　　　　　　　　　　　　复核　　　记账

5-2

5000114141　　　　　　　重庆增值税专用发票（模拟）　　　　No 01817381

开票日期：2015年12月05日

购货单位	名　　称：重庆鲸咚电子商务有限责任公司 纳税人识别号：500109203X88999 地址、电话：重庆市北碚区同兴北路116-2号　023-888899X9 开户行及账号：中国建设银行重庆北碚支行5000109360005088889X9	密码区	**1〉/*8*02〉33*+ **6〉/*5*02〉01*+ **1〉/*4*02〉33*+ **6〉/*3*02〉00*+

货物或应税劳务名称	规格型号	单位	数量	单价	金额	税率	税额
Ad运动装	Ad	套	300	280.00	84000.00	17%	14280.00
合计					￥84000.00		￥14280.00

价税合计（大写）	⊕玖万捌仟贰佰捌拾元整	（小写）￥98280.00

销货单位	名　　称：重庆Ad运动装有限公司 纳税人识别号：500109XXX111113 地址、电话：重庆市北碚区上海路1号　023-688888X5 开户行及账号：中国建设银行重庆北碚支行5000109360005055555X5	备注

收款人：　　　　复核：　　　　开票人：XXX　　　　销货单位：（章）

第三联：发票联　购买方记账凭证

重庆Ad运动装有限公司
500109XXX11113
发票专用章

5-3

5000114141

重庆增值税专用发票(模拟)

No 01817381

开票日期：2015 年 12 月 05 日

购货单位	名　　　称：重庆鲸咚电子商务有限责任公司 纳税人识别号：500109203X88999 地址、　电话：重庆市北碚区同兴北路116-2号　023-888899X9 开户行及账号：中国建设银行重庆北碚支行50010936000508889X9						密码区	**1〉/*8*02〉33*+ **6〉/*5*02〉01*+ **1〉/*4*02〉33*+ **6〉/*3*02〉00*+	
货物或应税劳务名称 Ad运动装	规格型号 Ad	单位 套	数量 300	单价 280.00	金额 84000.00		税率 17%	税额 14280.00
合计					￥84000.00			￥14280.00
价税合计(大写)	⊕玖万捌仟贰佰捌拾元整			(小写)￥98280.00				
销货单位	名　　　称：重庆Ad运动装有限公司 纳税人识别号：500109XXX111113 地址、　电话：重庆市北碚区上海路1号　023-688888X5 开户行及账号：中国建设银行重庆北碚支行5001093600050555X5								

第二联：抵扣联　购买方扣税凭证

国税函[2011]313号西安印钞有限公司

收款人：　　　　复核：　　　　开票人：XXX　　　　销货单位：(章)

5-4

入　库　单

供货单位:重庆Ad运动装有限公司

2015 年 12 月 05 日

编号	种类	产品名称	型号	规格	入库数量	单位	单价	成本金额								
								百	十	万	千	百	十	元	角	分
1	库存商品	运动装	Ad		300	套	280.00			8	4	0	0	0	0	0
合计：⊕佰⊕拾捌万肆仟零佰零拾零元零角零分								￥		8	4	0	0	0	0	0

负责人：　　　　记账：胡悦　　　　收货：赵懿　　　　填单：包鑫

三财务记账联

153

6-1

重庆市国家税务局通用机打发票

发票代码150001251331

发票号码09314080

重庆市电力公司

日期:2015 年 12 月 05 日 9:34:46　　　行业分类:供电　　　09314069

户号:1505687794　　　　　户名:重庆鲸咚电子商务有限责任公司	
地址:重庆市北碚区同兴北路116-2 号	

应收电费1200.00　　　　本次实收金额(小写)1200.00　　(大写)壹仟贰佰元整

其中:实收电费(小写)1200.00　　　　　　　(大写)壹仟贰佰元整

其中:实收违约金(小写)0(大写)零元整　上次余额0.44　本次余额0.00

计费月份:2015 年 11 月

应收电费明细:

用电类别	止数	起数	倍率	使用电量	损耗	加减电量	合计电量	电价	金额
居民其他类10KV	5338.27	2803.27	1000	2535	0	0	2535	0.4732	1199.56
居民其他类10KV	0	0	1000	0	0	0		0.0000	0.00
居民其他类10KV	0	0	1000	0	0	0		0.0000	0.00

代征款:项目	电量	电价	金额	代征款:项目	电量	电价	金额
农网还贷	0	0.02000	0	公用附加	0	0.02000	0
移民后扶资金	0	0.00830	0	再生能源附加	0	0.00100	0
小水库后扶金	0	0.000500	0	水利基金	0	0.007000	0

备注:"应收电费"作为成本报销金额;"本次实收金额"仅为资金支付的凭证

单位:重庆市电力公司北碚供电局　收费日期:2015-12-05 09:34:46　收费号:00015668

税号:500902202856660

6-2

付款申请单

2015 年 12 月 05 日

领用部门	人事部		预支金额		￥1200.00
领用人	钟强	付款归属行	建行	付款方式	网银
用途					
付重庆市电力公司电费					
					(限额　　元)
单位负责人签章	张三		财务部门领导签章		郑苑
审核	王一		备注:		

主办会计(审核):胡悦　　　　　　　　　　出纳:肖蜀

第一联　发票联　购货单位付款凭证(手开无效)

重庆印务公司2011 年02 月印60000 份

6-3

中国建设银行客户专用回单

转账日期：2015 年 12 月 05 日　　　　　　　凭证字号：201512053011205

支付交易序号：48173365　　包发起清算行行号：115653007002　　交易种类：BEPS 贷记

接收行名称：中国建设银行重庆北碚支行

收款人账号：50001093600051222XX2

收款人名称：重庆市电力公司

发起行名称：中国建设银行重庆北碚支行

汇款人账号：500010936000508889X9

汇款人名称：重庆鲸咚电子商务有限责任公司

货币符号、金额：CNY1,200.00

大写金额：人民币壹仟贰佰元整

附言：电费

第 1 次打印　　　　　　　　　　　　　　　　　　打印日期：20151205

作收款回单(无银行办讫章无效)　　　　　复核　　　　记账

6-4

电力费用分配表

序号	费用项目	总金额	受益部门	分配金额	科目
1	电费	1200.00	销售部门	700.00	
2			行政管理部门	500.00	
合计				1200.00	

7-1

重庆市国家税务局通用机打发票

发票代码150001151171
发票号码00807901

重庆市自来水有限公司

日期:2015年12月06日9:34:46　　行业分类:自来水生产和供应　　00807987

| 区号 | 0840 | 户号 | 5727 | 户名 | 重庆鲸咚电子商务有限责任公司 |
| 起度 | 84890 | 止度 | 85051 | 地址 | 重庆市北碚区同兴北路116-2号 |

类别	水量	水价(元/m³)	金额	类别	水量	水价(元/m³)	金额
居民水费	161	2.50	402.50				
污水处理费	161	0.79192	127.50				

| 水费合计大写 | 人民币伍佰叁拾元整 | 小写 | ￥530.00 |
| 备注 | 上次余额0.00,本次余额0.00正常 | | |

| 抄表日期:2015-12-04 0:00:00 | 收费:朱珠 | 客户服务热线:9668X6 |

| 税务登记号:500103202701914 | 地址:重庆市渝中区金汤街81# |

第一联 发票联 购货单位付款凭证(手开无效)

重庆印务公司2011年02月印60000份

7-2

付款申请单

2015年12月06日

领用部门	人事部	预支金额	￥530.00	
领用人	钟强	付款归属行	建行	付款方式	网银

用途				
付重庆市自来水有限公司水费				
			(限额　　元)	

| 单位负责人签章 | 张三 | 财务部门领导签章 | 郑苑 |
| 审核 | 王一 | 备注: | |

主办会计(审核):胡悦　　　　　　　　出纳:肖蜀

7-3

水费分配表

序号	费用项目	总金额	受益部门	分配金额	科目
1	水费	530.00	销售部门	310.00	
2			行政管理部门	220.00	
合计				￥530.00	

7-4

中国建设银行客户专用回单

转账日期：2015 年 12 月 06 日   凭证字号：201512063011206

支付交易序号：48173366   包发起清算行行号：115653007002   交易种类：BEPS 贷记

接收行名称：中国建设银行重庆北碚支行

收款人账号：50010320270191422XX2

收款人名称：重庆市自来水有限公司

发起行名称：中国建设银行重庆北碚支行

汇款人账号：50001093600050 8889X9

汇款人名称：重庆鲸咚电子商务有限责任公司

货币符号、金额：CNY530.00

大写金额：人民币伍佰叁拾元整

附言：水费

第1次打印   打印日期：20151206

中国建设银行重庆北碚支行 2015.12.06 办讫章 (4)

作收款回单（无银行办讫章无效）   复核   记账

8-1

收 据

入账日期：2015 年 12 月 06 日

今收到   重庆美镁有限责任公司   现金

金额（大写） ⊕佰⊕拾叁万伍仟零佰零拾零元零角零分

收款事由 _____ 货款

￥35000.00   收款单位（财务专用章）

重庆鲸咚电子商务有限责任公司 财务专用章

核准   会计   记账   出纳 肖蜀   经手人 周怡

第一联：收款记账联

8-2

中国建设银行客户专用回单

转账日期：2015 年 12 月 06 日　　　　　　　　　凭证字号：201512063011207

支付交易序号：47173367　　包发起清算行行号：115653007002　　交易种类：BEPS 贷记

接收行名称：中国建设银行重庆北碚支行

收款人账号：500010936000508889X9

收款人名称：重庆鲸咚电子商务有限责任公司

发起行名称：中国建设银行重庆北碚支行

汇款人账号：5000108361115033XX3

汇款人名称：重庆美镁有限责任公司

货币符号、金额：CNY43,000.00

大写金额：人民币肆万叁仟元整

附言：欠款

第 1 次打印　　　　　　　　　　　　　　　　　　打印日期：20151206

作收款回单(无银行办讫章无效)　　　　　复核　　　　记账

中国建设银行重庆北碚支行
2015.12.06
办讫章
(4)

8-3

中国建设银行
现金交款单

币别：人民币　　　　　　2015 年 12 月 06 日　　　流水号2011121218913062

单位填写	收款单位	重庆鲸咚电子商务有限责任公司	交款人		肖蜀								
	账　号	500010936000508889X9	款项来源	重庆美镁有限责任公司									
	(大写)人民币叁万伍仟元整			亿	千	百	十	万	千	百	十	元	角	分
							¥	3	5	0	0	0	0	0

银行确认栏

收款人账号：500010936000508889X9
收款人银行：中国建设银行重庆北碚支行
收款人户名：重庆鲸咚电子商务有限责任公司
交款人名称：肖蜀

120601　　　收 35,000.00

收入金额：35,000.00
实收金额：35,000.00
交易日期：2015 年 12 月 06 日

中国建设银行重庆北碚支行
2015.12.06
办讫章
(4)

第二联：客户回单

复核：　　　　　　　录入：张慧　　　　　　出纳：

163

9-1

入　库　单

收货单位:重庆鲸咚电子商务有限责任公司　　　　　　　　2015年12月07日

编号	种类	产品名称	型号	规格	入库数量	单位	单价	成本金额								
								百	十	万	千	百	十	元	角	分
1	库存商品	休闲装	Ni		250	套	300.00			7	5	0	0	0	0	0
合计：⊕佰⊕拾柒万伍仟零佰零拾零元零角零分								¥	7	5	0	0	0	0	0

负责人：　　　　记账：　　　　收货：赵懿　　　　填单：包鑫

三财务记账联

9-2

5000114140　　　　　重庆增值税专用发票(模拟)　　　　No 03827202

发票联(模拟)　　　　　　　　　　　　　　　　　开票日期:2015年12月07日

购货单位	名　　　　称：重庆鲸咚电子商务有限责任公司 纳税人识别号：500109203X88999 地址、 电话：重庆市北碚区同兴北路116-2号 023-888899X9 开户行及账号：中国建设银行重庆北碚支行500010936000508889X9	密码区	**8〉/*9*01〉33+ **8〉/*7*01〉44*+ **8〉/*9*01〉22*+ **8〉/*0*01〉12*+

货物或应税劳务名称	规格型号	单位	数量	单价	金额	税率	税额
休闲装	Ni	套	250	300.00	75000.00	17%	12750.00
合计					¥75000.00		¥12750.00

价税合计(大写)	⊕捌万柒仟柒佰伍拾元整	(小写)¥87750.00

销货单位	名　　　　称：重庆Ni休闲装有限公司 纳税人识别号：500109XXX211114 地址、 电话：重庆市北碚区天生路5号 023-688898X4 开户行及账号：中国建设银行重庆北碚支行500010936000502111X4	备注

收款人：　　　　复核：　　　　开票人:XX　　　　　　销货单位：(章)

第三联：发票联 购买方记账凭证

9-3

5000114140

重庆增值税专用发票（模拟）

No 03827202

开票日期：2015年12月07日

国税函〔2011〕313号西安印钞有限公司

| 购货单位 | 名　　　称：重庆鲸咚电子商务有限责任公司
纳税人识别号：500109203X88999
地址、　电话：重庆市北碚区同兴北路116-2号　023-888899X9
开户行及账号：中国建设银行重庆北碚支行50001093600050889X9 | 密码区 | **8〉/*9*01〉33+
**8〉/*7*01〉44*+
**8〉/*9*01〉22*+
**8〉/*0*01〉12*+ |

第二联：抵扣联 购买方扣税凭证

货物或应税劳务名称	规格型号	单位	数量	单价	金额	税率	税额
休闲装	Ni	套	250	300.00	75000.00	17%	12750.00
合计					￥75000.00		￥12750.00

价税合计（大写）	⊕捌万柒仟柒佰伍拾元整	（小写）￥87750.00

| 销货单位 | 名　　　称：重庆Ni休闲装有限公司
纳税人识别号：500109XXX211114
地址、　电话：重庆市北碚区天生路5号　023-688898X4
开户行及账号：中国建设银行重庆北碚支行50001093600050211114 | 备注 |

重庆Ni休闲装有限公司
500109XXX211114
发票专用章

收款人：　　　　复核：　　　　开票人：XX　　　　销货单位：（章）

10-1

重庆鲸咚电子商务有限责任公司2015年12月工资发放表

单位:元

姓名	部门	应发工资	代扣款项						实发工资
			养老保险	医疗保险	失业保险	住房公积金	个人所得税	小计	
张三	总经办	20000.00	1137.04	288.26	142.13	1705.56	2301.75	5574.74	14425.26
王一	总经办	15000.00	1137.04	288.26	142.13	1705.56	1090.40	4363.39	10636.61
郑苑	财务部	5000.00	400.00	104.00	50.00	600.00	10.38	1164.38	3835.62
胡悦	财务部	4000.00	320.00	84.00	40.00	480.00	0.00	924.00	3076.00
肖蜀	财务部	3500.00	280.00	74.00	35.00	420.00	0.00	809.00	2691.00
钟强	人事部	3500.00	280.00	74.00	35.00	420.00	0.00	809.00	2691.00
刘杰	物流部	5000.00	400.00	104.00	50.00	600.00	10.38	1164.38	3835.62
赵懿	物流部	3000.00	240.00	64.00	30.00	360.00	0.00	694.00	2306.00
田晶	采购部	5000.00	400.00	104.00	50.00	600.00	10.38	1164.38	3835.62
包鑫	采购部	3500.00	280.00	74.00	35.00	420.00	0.00	809.00	2691.00
小计		67500.00	4874.08	1258.52	609.26	7311.12	3423.29	17476.27	50023.73
龙东	销售部	5000.00	400.00	104.00	50.00	600.00	10.38	1164.38	3835.62
周怡	销售部	3500.00	280.00	74.00	35.00	420.00	0.00	809.00	2691.00
程梅	销售部	2000.00	227.44	60.86	28.43	341.16	0.00	657.89	1342.11

续表

姓名	部门	应发工资	代扣款项							实发工资
			养老保险	医疗保险	失业保险	住房公积金	个人所得税	小计		
谢吉	销售部	4000.00	320.00	84.00	40.00	480.00	0.00	924.00		3076.00
付野	销售部	5000.00	400.00	104.00	50.00	600.00	10.38	1164.38		3835.62
高隐	销售部	5000.00	400.00	104.00	50.00	600.00	10.38	1164.38		3835.62
何密	销售部	4000.00	320.00	84.00	40.00	480.00	0.00	924.00		3076.00
马辉	销售部	4000.00	320.00	84.00	40.00	480.00	0.00	924.00		3076.00
吕兰	销售部	4000.00	320.00	84.00	40.00	480.00	0.00	924.00		3076.00
小计		36500.00	2987.44	782.86	373.43	4481.16	31.14	8656.03		27843.97
合计		104000.00	7861.52	2041.38	982.69	11792.28	3454.43	26132.30		77867.70

10-2

重庆鲸唛电子商务有限责任公司社会保险计算表

单位：元

姓名	部门	应发工资	缴费基数	养老保险		医疗		失业保险		住房公积金		工伤	生育	单位缴费合计	个人代扣合计
				单位20%	个人8%	单位9.5%	个人2%+4	单位1%	个人1%	单位12%	个人12%	单位0.5%	单位0.5%		
张三	总经办	20000.00	14213.00	2842.60	1137.04	1350.24	288.26	142.13	142.13	1705.56	1705.56	71.07	71.07	6182.66	3272.99
王一	总经办	15000.00	14213.00	2842.60	1137.04	1350.24	288.26	142.13	142.13	1705.56	1705.56	71.07	71.07	6182.66	3272.99
郑苑	财务部	5000.00	5000.00	1000.00	400.00	475.00	104.00	50.00	50.00	600.00	600.00	25.00	25.00	2175.00	1154.00
胡悦	财务部	4000.00	4000.00	800.00	320.00	380.00	84.00	40.00	40.00	480.00	480.00	20.00	20.00	1740.00	924.00
肖蜀	财务部	3500.00	3500.00	700.00	280.00	332.50	74.00	35.00	35.00	420.00	420.00	17.50	17.50	1522.50	809.00
钟强	人事部	3500.00	3500.00	700.00	280.00	332.50	74.00	35.00	35.00	420.00	420.00	17.50	17.50	1522.50	809.00
刘杰	物流部	5000.00	5000.00	1000.00	400.00	475.00	104.00	50.00	50.00	600.00	600.00	25.00	25.00	2175.00	1154.00
赵懿	物流部	3000.00	3000.00	600.00	240.00	285.00	64.00	30.00	30.00	360.00	360.00	15.00	15.00	1305.00	694.00
田晶	采购部	5000.00	5000.00	1000.00	400.00	475.00	104.00	50.00	50.00	600.00	600.00	25.00	25.00	2175.00	1154.00
包鑫	采购部	3500.00	3500.00	700.00	280.00	332.50	74.00	35.00	35.00	420.00	420.00	17.50	17.50	1522.50	809.00
小计		67500.00	60926.00	12185.20	4874.08	5787.97	1258.52	609.26	609.26	7311.12	7311.12	304.63	304.63	26502.81	14052.98
龙东	销售部	5000.00	5000.00	1000.00	400.00	475.00	104.00	50.00	50.00	600.00	600.00	25.00	25.00	2175.00	1154.00
周怡	销售部	3500.00	3500.00	700.00	280.00	332.50	74.00	35.00	35.00	420.00	420.00	17.50	17.50	1522.50	809.00
程梅	销售部	2000.00	2843.00	568.60	227.44	270.09	60.86	28.43	28.43	341.16	341.16	14.22	14.22	1236.71	657.89
谢吉	销售部	4000.00	4000.00	800.00	320.00	380.00	84.00	40.00	40.00	480.00	480.00	20.00	20.00	1740.00	924.00

续表

姓名	部门	应发工资	缴费基数	养老保险		医疗		失业保险		住房公积金		工伤	生育	单位缴费合计	个人代扣合计
				单位20%	个人8%	单位9.5%	个人2%+4	单位1%	个人1%	单位12%	个人12%	单位0.5%	单位0.5%		
付野	销售部	5000.00	5000.00	1000.00	400.00	475.00	104.00	50.00	50.00	600.00	600.00	25.00	25.00	2175.00	1154.00
高隐	销售部	5000.00	5000.00	1000.00	400.00	475.00	104.00	50.00	50.00	600.00	600.00	25.00	25.00	2175.00	1154.00
何密	销售部	4000.00	4000.00	800.00	320.00	380.00	84.00	40.00	40.00	480.00	480.00	20.00	20.00	1740.00	924.00
马辉	销售部	4000.00	4000.00	800.00	320.00	380.00	84.00	40.00	40.00	480.00	480.00	20.00	20.00	1740.00	924.00
吕兰	销售部	4000.00	4000.00	800.00	320.00	380.00	84.00	40.00	40.00	480.00	480.00	20.00	20.00	1740.00	924.00
小计		36500.00	37343.00	7468.60	2987.44	3547.59	782.86	373.43	373.43	4481.16	4481.16	186.72	186.72	16244.21	8624.89
合计		104000.00	98269.00	19653.80	7861.52	9335.56	2041.38	982.69	982.69	11792.28	11792.28	491.35	491.35	42747.02	22677.87

备注：2014年年平均工资56852.00元（4738.00元/月），2015年社保为2843.00元（60%~300%），社保缴纳基数低于2843.00元的人员按照2843.00元计算补收差额。

11-1

中国建设银行客户专用回单

2015年12月10日

付款方户名：重庆鲸咚电子商务有限责任公司

付款方账号：500010936000508889X9

付款方开户行：中国建设银行重庆北碚支行

收款方户名：重庆鲸咚电子商务有限责任公司

收款方账号：500010936000508888X5

收款方开户行：中国建设银行重庆北碚支行

大写金额：人民币柒万柒仟捌佰陆拾柒元柒角整

小写金额：￥77867.70

交易用途：12月工资

受理渠道：

集团交易标志：否

集团交易说明：

第1次打印

中国建设银行重庆北碚支行
2015.12.10
办讫章
（4）

业务流水号2015121018913480

打印日期：2015年12月10日

作付款回单（无银行办讫章无效）　　　　复核　　　　记账

12-1

工会经费、职工教育经费计提表

序号	项目	工资总额	计提比例	计提金额
1	工会经费		2%	
2	职工教育经费		2.5%	
	合计			

13-1

中国建设银行电子缴税付款凭证

转账日期:2015年12月13日　　　　　　　　　凭证字号:201512133015821

纳税人全称及纳税人识别号:重庆鲸咚电子商务有限责任公司500109203X88999

付款人全称:重庆鲸咚电子商务有限责任公司

付款人账号:500010936000508889X9　　　　征收机关名称:重庆市北碚区地方税务局

付款人开户银行:中国建设银行重庆北碚支行　　收款国库(银行):国家金库重庆市北碚区支库(代理)

小写(合计)金额:￥3454.43　　　　　　　缴款书交易流水号:2015121318913532

大写(合计)金额:人民币叁仟肆佰伍拾肆元肆角叁分　　税票号码:73201209026366869

税(费)种名称	所属日期	实缴金额
个人所得税	2015/12/01-2015/12/31	3454.43

中国建设银行重庆北碚支行
2015.12.13
办讫章
(4)

第1次打印　　　　　　　　　　　　　打印日期:20151213

作付款回单(无银行办讫章无效)　　　　复核　　　　记账

13-2

中国建设银行电子缴税付款凭证

转账日期:2015年12月13日　　　　　　　　　凭证字号:201512133015822

纳税人全称及纳税人识别号:重庆鲸咚电子商务有限责任公司500109203X88999

付款人全称:重庆鲸咚电子商务有限责任公司

付款人账号:500010936000508889X9　　　　征收机关名称:重庆市北碚区地方税务局

付款人开户银行:中国建设银行重庆北碚支行　　收款国库(银行):国家金库重庆市北碚区支库(代理)

小写(合计)金额:￥27515.32　　　　　　　缴款书交易流水号:2015121318913533

大写(合计)金额:人民币贰万柒仟伍佰壹拾伍元叁角贰分　　税票号码:73201209026366800

税(费)种名称	所属日期	实缴金额
城镇职工基本养老保险(企业参保)	2015/12/01-2015/12/31	27515.32

中国建设银行重庆北碚支行
2015.12.13
办讫章
(4)

第1次打印　　　　　　　　　　　　　打印日期:20151213

作付款回单(无银行办讫章无效)　　　　复核　　　　记账

13-3

中国建设银行电子缴税付款凭证

转账日期:2015年12月13日 凭证字号:201512133015823

纳税人全称及纳税人识别号:重庆鲸咚电子商务有限责任公司500109203X88999

付款人全称:重庆鲸咚电子商务有限责任公司

付款人账号:5000109360005088889X9 征收机关名称:重庆市北碚区地方税务局

付款人开户银行:中国建设银行重庆北碚支行 收款国库(银行):国家金库重庆市北碚区支库(代理)

小写(合计)金额:￥11376.94 缴款书交易流水号:2015121318913534

大写(合计)金额:人民币壹万壹仟叁佰柒拾陆元玖角肆分 税票号码:73201209026366801

税(费)种名称	所属日期	实缴金额
城镇职工基本医疗保险(企业参保)	2015/12/01-2015/12/31	11376.94

中国建设银行重庆北碚支行
2015.12.13
办讫章
(4)

第1次打印 打印日期:20151213

作付款回单(无银行办讫章无效) 复核 记账

13-4

中国建设银行电子缴税付款凭证

转账日期:2015年12月13日 凭证字号:201512133015824

纳税人全称及纳税人识别号:重庆鲸咚电子商务有限责任公司500109203X88999

付款人全称:重庆鲸咚电子商务有限责任公司

付款人账号:5000109360005088889X9 征收机关名称:重庆市北碚区地方税务局

付款人开户银行:中国建设银行重庆北碚支行 收款国库(银行):国家金库重庆市北碚区支库(代理)

小写(合计)金额:￥1965.38 缴款书交易流水号:2015121318913536

大写(合计)金额:人民币壹仟玖佰陆拾伍元叁角捌分 税票号码:73201209026366803

税(费)种名称	所属日期	实缴金额
失业保险	2015/12/01-2015/12/31	1965.38

中国建设银行重庆北碚支行
2015.12.13
办讫章
(4)

第1次打印 打印日期:20151213

作付款回单(无银行办讫章无效) 复核 记账

13-5

中国建设银行电子缴税付款凭证

转账日期:2015年12月13日　　　　　　　凭证字号:201512133015825

纳税人全称及纳税人识别号:重庆鲸咚电子商务有限责任公司500109203X88999

付款人全称:重庆鲸咚电子商务有限责任公司

付款人账号:50001093600508889X9　　　征收机关名称:重庆市北碚区地方税务局

付款人开户银行:中国建设银行重庆北碚支行　收款国库(银行):国家金库重庆市北碚区支库(代理)

小写(合计)金额:￥491.35　　　　　　　缴款书交易流水号:2015121318913537

大写(合计)金额:人民币肆佰玖拾壹元叁角伍分　　税票号码:73201209026366804

税(费)种名称	所属日期		实缴金额
工伤保险	2015/12/01-2015/12/31	中国建设银行重庆北碚支行 2015.12.13 办讫章 (4)	491.35

第1次打印　　　　　　　　　　　　　　　　　打印日期:20151213

作付款回单(无银行办讫章无效)　　　　复核　　　记账

13-6

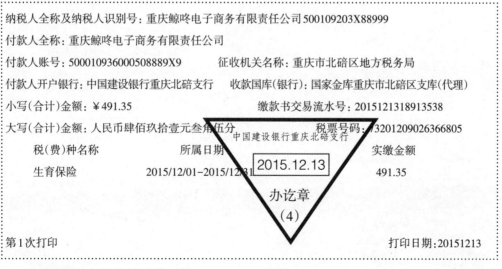

中国建设银行电子缴税付款凭证

转账日期:2015年12月13日　　　　　　　凭证字号:201512133015826

纳税人全称及纳税人识别号:重庆鲸咚电子商务有限责任公司500109203X88999

付款人全称:重庆鲸咚电子商务有限责任公司

付款人账号:50001093600508889X9　　　征收机关名称:重庆市北碚区地方税务局

付款人开户银行:中国建设银行重庆北碚支行　收款国库(银行):国家金库重庆市北碚区支库(代理)

小写(合计)金额:￥491.35　　　　　　　缴款书交易流水号:2015121318913538

大写(合计)金额:人民币肆佰玖拾壹元叁角伍分　　税票号码:73201209026366805

税(费)种名称	所属日期		实缴金额
生育保险	2015/12/01-2015/12/31	中国建设银行重庆北碚支行 2015.12.13 办讫章 (4)	491.35

第1次打印　　　　　　　　　　　　　　　　　打印日期:20151213

作付款回单(无银行办讫章无效)　　　　复核　　　记账

13-7

住房公积金汇(补)缴书

2015 年 12 月 13 日 流水号:7652

缴 款 单 位		收 款 单 位			
重庆鲸咚电子商务有限责任公司		重庆市住房公积金管理中心			
公积金账号:201000800X0		开户行:建行北碚支行 账号:50010936000508889X9			
缴交年月	2015 年 12 月	缴交类型	汇缴	缴款方式	直接汇缴
个人缴存额合计	11792.28	单位缴存额合计			11792.28
缴存金额(大写):贰万叁仟伍佰捌拾肆元伍角陆分 ￥23584.56					

上月汇缴		本月增加汇缴		本月减少汇缴		本月汇缴	
人数	金额	人数	金额	人数	金额	人数	金额
19	23584.56	0	0	0	0	19	23584.56

复核: 制单:杨帆 办理机构盖章:建行北碚支行

办理机构:建行北碚支行

14-1

中 华 人 民 共 和 国
税 收 通 用 缴 款 书

0660133 国

渝国电

缴(20154)

隶属关系:

注册类型:有限责任公司 填发日期:2015 年 12 月 14 日 征收机关:重庆市北碚区国家税务局蔡家税务所

缴款单位(人)	代码	500109203X88999	预算科目	编码	101010106
	全称	重庆鲸咚电子商务有限责任公司		名称	私营企业增值税
	开户银行	建行重庆北碚支行		级次	中央75%省市15%县区10%
	账号	500010936000508889X9		收款国库	北碚区支库

无银行收讫章无效

税款所属时期2015年11月01日至2015年11月31日			税款限缴日期 2015 年 12 月 15 日		
品目名称	课税数量	计税金额或销售收入	税率或单位税额	已缴或扣除额	实缴金额
服装		46177.94	17%		￥7850.25
金额合计(大写)人民币柒仟捌佰伍拾元贰角伍分					￥7850.25

缴款单位(人)(盖章)	税务机关(盖章)	上列款项已收妥并划转收款单位账户 国库(银行)盖章 年 月 日	备注: 105011140660133 5001120068960441080 重庆市北碚区国家税务局办税服务 一般申报 正税
经办人(章)	填票人(章)阳志		

中国建设银行重庆北碚支行
2015.12.14
办讫章
(4)

逾期不缴按税法规定加收滞纳金(手工填开无效)

第一联 收据 国库银行收款盖章后退缴款单位作完税凭证

185

14-2

中国建设银行电子缴税付款凭证

转账日期:2015年12月14日   凭证字号:201512143010821

纳税人全称及纳税人识别号:重庆鲸咚电子商务有限责任公司500109203X88999

付款人全称:重庆鲸咚电子商务有限责任公司

付款人账号:5000109360008889X9   征收机关名称:重庆市北碚区地方税务局

付款人开户银行:中国建设银行重庆北碚支行   收款国库(银行):国家金库重庆市北碚区支库(代理)

小写(合计)金额:¥942.04   缴款书交易流水号:2015121418913832

大写(合计)金额:人民币玖佰肆拾贰元零角肆分   税票号码:73201209026367869

税(费)种名称	所属日期	实缴金额
城建税	2015/11/01-2015/11/30	549.52
教育费附加	2015/11/01-2015/11/30	235.51
地方教育费附加	2015/11/01-2015/11/30	157.01
小计		¥942.04

中国建设银行重庆北碚支行 2015.12.14 办讫章 (4)

第1次打印   打印日期:20151214

作付款回单(无银行办讫章无效)   复核   记账

15-1

差 旅 费 报 销 单

报销部门:人事部   填报日期:2015年12月15日

姓名	钟强		职别	主管	出差事由		业务联系			

出差起止日期自2015年11月18日至11月24日止共7天附单据　张

日期		起讫地点	天数	机票费	车船费	市内交通费	住宿费	出差补助	住宿节约补助	其他	小计
月	日										
11	18	重庆	7	900.00		100.00	300.00	300.00		50.00	1650.00
11	24	贵阳									
		合计	7	900.00		100.00	300.00	300.00		50.00	¥1650.00

总计金额(大写)⊕万壹仟陆佰伍拾零元零角零分 预支 8000.00 元 补付____元

深圳市通用实业有限公司出品

负责人:张三   会计:胡悦   审核: 部门主管: 出差人:钟强

15-2

中国联合网络重庆市分公司专用发票

纳税人识别号:5009057093753X2　　　　　　　发票代码250001140078
用户名称:钟强　　　　　　　　　　　　　　　发票号码05603205
业务号码:133202XXXX6　　　　　　　　　　　机打号码05603205

项目	金额	项目	金额
本地通话费	150.00		
国内长途费	150.00		
优惠金额	0.00		
本期应收	300.00		
当前积分	0.00		

注:用户如有疑问,请拨打客户服务热线:10010、10011

合计金额(大写):人民币叁佰元整　　　　　　　小写:300.00

上期结余:0.20　　本期结余:0.12　　本期应缴:300.00　　本期实缴:300.00

缴款地点:北碚步行街营业厅　　收款员:38459B　　缴款日期:2015-12-15 16:35:52

15-3

重庆鲸咚电子商务有限责任公司资金往来结算单据

付款单位(人):钟强　　　　　　2015年12月15日

收款项目	数量	百	十	万	千	百	十	元	角	分
报销冲账					8	0	0	0	0	0
金额合计(小写)				¥	8	0	0	0	0	0
金额合计(大写)		⊕佰⊕拾⊕万捌仟零佰零拾零元零角零分								

第一联记账联

收款单位(盖章):　　　　　复核:　　　　　　　收款人:肖蜀

15-4

收　据

入账日期:2015年12月15日

今收到　钟强现金
金额(大写)⊕佰⊕拾⊕万陆仟零佰伍拾零元零角零分
收款事由报销冲账,原借款8000.00元,退回多余款6050.00

现金收讫

￥6050.00　收款单位(财务专用章)

核准　　　会计　　　记账　　　出纳　　　经手人

189

16-1

差 旅 费 报 销 单

报销部门:总经办　　　　　　　填报日期:2015 年 12 月 15 日

深圳市通用实业有限公司出品

姓名	张三		职别	总经理	出差事由		业务联系		

出差起止日期自 2015 年 11 月 20 日至 11 月 25 日止共 6 天附单据　张

日期		起讫地点	天数	机票费	车船费	市内交通费	住宿费	出差补助	住宿节约补助	其他	小计
月	日										
11	20	重庆	6	4200.00		150.00	1000.00	1000.00		150.00	6500.00
11	25	贵阳									
						现金付讫					
		合计	6	4200.00		150.00	1000.00	1000.00		150.00	￥6500.00

总计金额(大写)⊕万陆仟伍佰零拾零元零角零分　预支 4000.00 元　补付 2500.00 元

负责人:张三　　　会计:胡悦　　　审核:　　　部门主管:　　　出差人:钟强

16-2

中国联合网络重庆市分公司专用发票

纳税人识别号:5009057093753X2　　　　　　　　发票代码 250001140079
用户名称:张三　　　　　　　　　　　　　　　　　发票号码 05603206
业务号码:133202XXXXX6　　　　　　　　　　　　机打号码 05603206

项目	金额	项目	金额
本地通话费	120.00		
国内长途费	440.00		
优惠金额	0.00		
本期应收	560.00		
当前积分	0.00		

合计金额(大写):人民币伍佰陆拾元整　　　　　　　小写:560.00

上期结余:0.20	本期结余:0.12	本期应缴:560.00	本期实缴:560.00

缴款地点:北碚步行街营业厅　　　收款员:38459B　　　缴款日期:2015-12-15 16:35:52

16-3

重庆鲸咚电子商务有限责任公司资金往来结算单据

付款单位(人):张三　　　　　　　　2015年12月15日

收款项目	数量	金额									第一联记账联
		百	十	万	千	百	十	元	角	分	
报销冲账					4	0	0	0	0	0	
金额合计(小写)					￥	4	0	0	0	0	
金额合计(大写)		⊕佰⊕拾⊕万肆仟零佰零拾零元零角零分									

收款单位(盖章):　　　　　　　复核:　　　　　　　收款人:肖蜀

17-1

付款申请单

2015年12月17日

领用部门	采购部		预支金额		￥50000.00	
领用人	包鑫	付款归属行	建行	付款方式	网银	
用途 货款 (限额　元)						
单位负责人签章	张三		财务部门领导签章		郑苑	
审核	田晶		备注:			

主办会计(审核):胡悦　　　　　　　　　　　出纳:肖蜀

17-2

中国建设银行客户专用回单

转账日期:2015 年 12 月 17 日　　　　　　　　　凭证字号:201512173011217

支付交易序号:47173368　　　包发起清算行行号:115653007002　　　交易种类:BEPS 贷记

接收行名称:中国建设银行重庆北碚支行

收款人账号:500010936000502111X4

收款人名称:重庆 Ni 休闲装有限公司

发起行名称:中国建设银行重庆北碚支行

汇款人账号:500010936000508889X9

汇款人名称:重庆鲸咚电子商务有限责任公司

货币符号、金额:CNY50,000.00

大写金额:人民币伍万元整

附言:货款

第1次打印　　　　　　　　　　　　　　　　　　打印日期:20151217

中国建设银行重庆北碚支行
2015.12.17
办讫章
(4)

作付款回单(无银行办讫章无效)　　　　　复核　　　　记账

18-1

现金支票存根(图有改变)

中国建设银

现金支票存

1030500

0157960

附加信息

出票日期 2015 年 12 月 18 日

收款人:重庆鲸咚电子商务有限责任公司

金额:15000.00

用途:备用金

单位主管　　　　会计

19-1

重庆鲸咚电子商务有限责任公司固定资产明细表

时间：2015年12月　　　　净残值：3%　　　　折旧方法：年限平均法　　　　单位：元

编号	名称	使用部门	入账日期	单位	数量	原币单价	金额	使用年限	预计净残值	月折旧率	月折旧额	已提折旧	已使用月份	净值
1	房屋（办公楼）	管理部门	2013年12月	套	1	600000.00	600000.00	20	18000.00	0.40%	2425.00	58200.00	23	541800.00
2	小汽车（宝马）	管理部门	2013年12月	辆	1	400000.00	400000.00	4	12000.00	2.02%	8083.33	194000.00	23	206000.00
3	面包车（长安）	销售部门	2013年12月	辆	1	80000.00	80000.00	4	2400.00	2.02%	1616.67	38800.00	23	41200.00
4	HP电脑	管理部门	2013年12月	台	5	4500.00	22500.00	5	675.00	1.62%	363.75	8730.00	23	13770.00
5	HP打印机	管理部门	2013年12月	台	5	2000.00	10000.00	5	300.00	1.62%	161.67	3880.00	23	6120.00
6	海尔空调	管理部门	2013年12月	台	4	4000.00	16000.00	5	480.00	1.62%	258.67	6208.00	23	9792.00
	合计						1128500.00		33855.00		12909.09	309818.00		818682.00

20-1

5000114140

重庆增值税专用发票（模拟）

此联不作报销扣税凭证使用

№ 07136503

开票日期：2015 年 12 月 21 日

购货单位	名　　称：重庆景泰有限责任公司 纳税人识别号：500107XXX777777 地址、电话：重庆市渝北区天河路15-2号　023-688998X9 开户行及账号：中国建设银行重庆渝北支行50001073600050115X7					密码区	**8〉/*9*01〉20+ **8〉/*7*01〉00*+ **8〉/*9*01〉07+ **8〉/*0*01〉12*+	
货物或应税劳务名称	规格型号	单位	数量	单价	金额	税率	税额	
运动装	Ad	套	85	400.00	34000.00	17%	5780.00	
合计					￥34000.00		￥5780.00	
价税合计（大写）	⊕叁万玖仟柒佰捌拾元整				（小写）￥39780.00			
销货单位	名　　称：重庆鲸咚电子商务有限责任公司 纳税人识别号：500109203X88999 地址、电话：重庆市北碚区同兴北路116-2号 023-888899X9 开户行及账号：中国建设银行重庆北碚支行50001093600050888X9					备注		

第一联：记账联　销货方记账凭证

国税函〔2011〕313号西安印钞有限公司

收款人：　　　　　复核：　　　　　开票人：胡悦　　　　　销货单位：（章）

20-2

中国建设银行客户专用回单

转账日期：2015 年 12 月 21 日　　　　　　　凭证字号：201512213011221

支付交易序号：47173369　　包发起清算行行号：115653007002　　交易种类：BEPS 贷记

接收行名称：中国建设银行重庆北碚支行

收款人账号：5000107360005011111X5

收款人名称：重庆圆通快递公司

发起行名称：中国建设银行重庆北碚支行

汇款人账号：50001093600050888X9

汇款人名称：重庆鲸咚电子商务有限责任公司

货币符号、金额：CNY650.00

大写金额：人民币陆佰伍拾元整

附言：垫付重庆景泰有限责任公司运费

第1次打印

中国建设银行重庆北碚支行

2015.12.21

办讫章

（4）

打印日期：20151221

作付款回单（无银行办讫章无效）　　　　　复核　　　　　记账

21-1

5000114140

重庆增值税专用发票（模拟）

No 06236502

此联不作报销、扣税凭证使用

开票日期：2015 年 12 月 22 日

购货单位	名　　称：重庆双锐有限责任公司 纳税人识别号：500109XXX503332 地址、电话：重庆市渝北区华光路15-2号 023-888888X4 开户行及账号：中国建设银行重庆渝北支行5000109360005 0333XX2					密码区	**8〉/*9*01〉00+ **8〉/*7*01〉10*+ **8〉/*9*01〉17*+ **8〉/*0*01〉02*+	
货物或应税劳务名称	规格型号	单位	数量	单价	金额	税率	税额
休闲装	Ni	套	150	550.00	82500.00	17%	14025.00
合　计					￥82500.00		￥14025.00
价税合计（大写）	⊕玖万陆仟伍佰贰拾伍元整			（小写）￥96525.00			
销货单位	名　　称：重庆鲸咚电子商务有限责任公司 纳税人识别号：500109203X88999 地址、电话：重庆市北碚区同兴北路116-2号 023-888899X9 开户行及账号：中国建设银行重庆北碚支行500010936000508889X9					备注		

收款人：　　　　复核：　　　　　开票人：胡悦　　　　销货单位：（章）

第一联：记账联　销货方记账凭证

国税函[2011]313号西安印钞有限公司

21-2

中国建设银行客户专用回单

转账日期：2015 年 12 月 22 日　　　　　　　凭证字号：201512223011222

支付交易序号：47173370　包发起清算行行号：115653007002　交易种类：BEPS 贷记

接收行名称：中国建设银行重庆北碚支行

收款人账号：500010936000508889X9

收款人名称：重庆鲸咚电子商务有限责任公司

发起行名称：中国建设银行重庆渝北支行

汇款人账号：5000109360005 0333XX2

汇款人名称：重庆双锐有限责任公司

货币符号、金额：CNY96,525.00

大写金额：人民币玖万陆仟伍佰贰拾伍元整

附言：货款

第1次打印

打印日期：20151222

作付款回单（无银行办讫章无效）　　　　复核　　　　记账

22-1

5000114140	重庆增值税专用发票（模拟）	No 09136501

此联不作报销、抵扣凭证使用　　　　开票日期：2015 年 12 月 23 日

购货单位	名　　称：个人 纳税人识别号： 地址、电话： 开户行及账号：	密码区	**8〉/*9*01〉13+ **8〉/*7*01〉12*+ **8〉/*9*01〉17*+ **8〉/*0*01〉19*+

货物或应税劳务名称	规格型号	单位	数量	单价	金额	税率	税额
运动装	Ad	套	220	420.00	92400.00	17%	15708.00
合计					￥92400.00		￥15708.00

价税合计（大写）	⊕壹拾万零捌仟壹佰零捌元整	（小写）￥108108.00

销货单位	名　　称：重庆鲸咚电子商务有限责任公司 纳税人识别号：500109203X88999 地址、　电话：重庆市北碚区同兴北路 116-2 号 023-888899X9 开户行及账号：中国建设银行重庆北碚支行50001093600050888 9X9	备注　发票专用章

收款人：　　　复核：　　　开票人：胡悦　　　销货单位：（章）

第一联：记账联 销货方记账凭证

国税函〔2011〕313号西安印钞有限公司

22-2

出 库 单

提货单位或部门：　　　　　　　　2015 年 12 月 23 日

编号	种类	产品名称	型号	规格	出库数量	单位	单价	成本金额								
								百	十	万	千	百	十	元	角	分
1	库存商品	运动装	Ad		230	套										
合计：																

负责人：　　　记账：　　　保管员：　　　经手人：

三 财务记账联

22-3

中国建设银行客户专用回单

转账日期：2015 年 12 月 23 日　　　　　　　　　凭证字号：201512233011223

支付交易序号：47173371　　包发起清算行行号：115653007002　　交易种类：BEPS 贷记

接收行名称：中国建设银行重庆北碚支行

收款人账号：500010936000508889X9

收款人名称：重庆鲸咚电子商务有限责任公司

发起名称：中国建设银行重庆渝北支行

汇款人账号：50001093600050444XX4

汇款人名称：重庆添猫有限公司

货币符号、金额：CNY108,108.00

大写金额：人民币壹拾万零捌仟壹佰零捌元整

附言：个人用户购买

第1次打印　　　　　　　　　　　　　　　　　　　　打印日期：20151223

中国建设银行重庆北碚支行
2015.12.23
办讫章
（4）

作付款回单(无银行办讫章无效)　　　　　　复核　　　　　　记账

23-1

5000114141

重庆增值税专用发票(模拟)

No 07136505

此发票不作报销、扣税凭证使用

开票日期：2015 年 12 月 23 日

购货单位	名称：个人						密码区		**8)/*9*01)00+ **8)/*7*01)10*+ **8)/*9*01)17*+ **8)/*0*01)02*+	第一联：记账联　销货方记账凭证
	纳税人识别号：									
	地址、电话：									
	开户行及账号：									
货物或应税劳务名称	规格型号	单位	数量	单价	金额		税率	税额		
休闲装	Ni	套	100	570.00	57000.00		17%	9690.00		
合计					¥57000.00			¥9690.00		
价税合计(大写)	⊕陆万陆仟陆佰玖拾元整				(小写)¥66690.00					
销货单位	名称：重庆鲸咚电子商务有限责任公司									
	纳税人识别号：500109203X88999									
	地址、电话：重庆市北碚区同兴北路116-2号 023-888899X9							备注		
	开户行及账号：中国建设银行重庆北碚支行500010936000508889X9									

收款人：　　　　　复核：　　　　　开票人：胡悦　　　　　销货单位：(章)

重庆鲸咚电子商务有限责任公司
500109203X88999
发票专用章

出　库　单

提货单位或部门：　　　　　　　　2015 年 12 月 23 日

编号	种类	产品名称	型号	规格	出库数量	单位	单价	成本金额								
								百	十	万	千	百	十	元	角	分
1	库存商品	休闲装	Ni		120	套										
合计：																

负责人：　　　　　记账：　　　　　　　保管员：　　　　　经手人：

三财务记账联

23-3

中国建设银行客户专用回单

转账日期：2015 年 12 月 23 日　　　　　　　　凭证字号：201512233011224

支付交易序号：47173372　包发起清算行行号：115653007002　交易种类：BEPS 贷记

接收行名称：中国建设银行重庆北碚支行

收款人账号：500010936000508889X9

收款人名称：重庆鲸咚电子商务有限责任公司

发起行名称：中国建设银行重庆渝北支行

汇款人账号：50001093600050444XX4

汇款人名称：重庆添猫有限公司

货币符号、金额：CNY66,690.00

大写金额：人民币陆万陆仟陆佰玖拾元整

附言：个人用户购买

第1次打印　　　　　　　　　　　　　　　　　打印日期：20151223

中国建设银行重庆北碚支行
2015.12.23
办讫章
（4）

作付款回单（无银行办讫章无效）　　　　　复核　　　　　记账

24-1

中国建设银行客户专用回单

转账日期：2015 年 12 月 24 日　　　　　　　　　　凭证字号：201512243011224

支付交易序号：47173373　包发起清算行行号：115653007002　交易种类：BEPS 贷记

接收行名称：中国建设银行重庆渝北支行

收款人账号：500010936000508889X9

收款人名称：重庆鲸咚电子商务有限责任公司

发起行名称：中国建设银行重庆渝北支行

汇款人账号：5000010736000501115X7

汇款人名称：重庆景泰有限责任公司

货币符号、金额：CNY80,000.00

大写金额：人民币捌万元整

附言：货款

第1次打印　　　　　　　　　　　　　　　　　　　　　打印日期：20151224

中国建设银行重庆北碚支行
2015.12.24
办讫章
（4）

作付款回单（无银行办讫章无效）　　　　复核　　　　记账

25-1

重庆市国家税务局通用手工发票

重庆市
发票监制章
发 票 联（模拟）

发票代码：250002000513

发票号码：03012021

付款单位：重庆鲸咚电子商务有限责任公司　　　　2015 年 12 月 26 日

项 目 内 容	金 额					备 注
	百	十	元	角	分	
办公用品费	3	2	0	0	0	
合计人民币（大写）⊕叁佰贰拾元整	3	2	0	0	0	

现金收讫

重庆文具用品有限公司
50010920XX3X333
发票专用章

第二联发票联

康印印务公司2015年12月

收款单位名称（盖章有效）　　　　　　　　　　开票人：李悦

收款单位税号：50010920XX3X333

209

26-1

销售成本计算单

产品名称	期初库存			本期入库			本期销售		
	数量	单位成本	金额	数量	单位成本	金额	数量	单位成本	金额
Ad运动装									
Ni休闲装									
合计									

27-1

增值税计算表

上月留底税额	当月销项税额	当月进项税额	当月进项税额转出	当月应交增值税额

27-2

城建税等计算表

税种	计税依据	税率	应交税额	备注
城市维护建设税				
教育费附加				
地方教育费附加				
印花税				
合计				

28-1 结转本月所有损益类科目。(无原始票据)

29-1

所得税计算表

10-12月累计利润	所得税税率	应交所得税	备注

30-1 年末将本年利润的余额全部转至利润分配。(无原始单据)

附录三　财务报表

附表3-1　损益表

损　益　表

年　　月

编制单位:

会工02表

单位:元

项　目	本期金额	上期金额
一、营业收入		
减:营业成本		
营业税金及附加		
销售费用		
管理费用		
财务费用		
资产减值损失		
加:公允价值变动收益(损失以"-"号填列)		
投资收益(损失以"-"号填列)		
其中:对联营企业和合营企业的投资收益		
二、营业利润(亏损以"-"号填列)		
加:营业外收入		
减:营业外支出		
其中:非流动资产处置损失		
三、利润总额(亏损总额以"-"号填列)		
减:所得税费用		
四、净利润(净亏损以"-"号填列)		
五、每股收益:		
(一)基本每股收益		
(二)稀释每股收益		

企业负责人:　　　　　　　财务负责人:　　　　　　　制表人:

附表3-2　资产负债表

纳税人(盖章)　　　　　　　　　　　　　　　　　　　　　　　单元:元至角分

会计期间:　　年　月　　日至　月　　日　　　　　　　所属时间　年　　月

资　产	期末余额	年初余额	负债和所有者权益(或股东权益)	期末余额	年初余额
流动资产:			流动负债:		
货币资金			短期借款		
交易性金融资产			交易性金融负债		
应收票据			应付票据		
应收账款			应付账款		
预付款项			预收款项		
应收利息			应付职工薪酬		
应收股利			应交税费		
其他应收款			应付利息		
存货			应付股利		
一年内到期的非流动资产			其他应付款		
其他流动资产			一年内到期的非流动负债		
流动资产合计			其他流动负债		
非流动资产:			流动负债合计		
可供出售金融资产			非流动负债:		
持有至到期投资			长期借款		
长期应收款			应付债券		
长期股权投资			长期应付款		
投资性房地产			专项应付款		
固定资产			预计负债		
在建工程			递延所得税负债		
工程物资			其他非流动负债		
固定资产清理			非流动负债合计		
生产性生物资产			负债合计		
油气资产			所有者权益(或股东权益):		
无形资产			实收资本(或股本)		
开发支出			资本公积		
商誉			减:库存股		
长期待摊费用			盈余公积		
递延所得税资产			未分配利润		
其他非流动资产			所有者权益(或股东权益)合计		
非流动资产合计					
资产总计			负债和所有者权益(或股东权益)总计		

企业负责人:　　　　　　　　　　财务负责人:　　　　　　　　制表人: